THEODOR HERZL

Die treibende Kraft

THEODOR HERZL

Die treibende Kraft

Feuilletons

Herausgegeben von Marcus G. Patka
im Auftrag des Jüdischen Museums Wien
und der Israelitischen Kultusgemeinde Wien

Picus Verlag Wien

ISRAELITISCHE KULTUSGEMEINDE WIEN

Jüdisches
Museum
Wien

Grafische Gestaltung: Dorothea Löcker, Wien
Umschlagabbildung und Abbildungen im Buch:
mit freundlicher Genehmigung von
IMAGNO/Austrian Archives, Wien
Druck und Verarbeitung:
Druckerei Theiss GmbH, St. Stefan
ISBN 3-85452-478-1

Informationen über das aktuelle Programm
des Picus Verlags und Veranstaltungen unter
www.picus.at

Inhalt

»*Auf die treibende Kraft kommt es an*«

Zur Auswahl der Feuilletons von Theodor Herzl

»Auf die treibende Kraft kommt es an. Und was ist diese Kraft? Die Judennot.
Wer wagt zu leugnen, dass diese Kraft vorhanden sei? Wir werden uns damit im Kapitel über die Gründe des Antisemitismus beschäftigen.
Man kannte auch die Dampfkraft, die im Teekessel durch Erhitzung des Wassers entstand und den Deckel hob. Diese Teekesselerscheinung sind die zionistischen Versuche und vielen anderen Formen der Vereinigung ›zur Abwehr des Antisemitismus‹.
Nun sage ich, dass diese Kraft, richtig verwendet, mächtig genug ist, eine große Maschine zu treiben, Menschen und Güter zu befördern. Diese Maschine mag aussehen, wie man will.«[1]

Theodor Herzl vollbrachte eine Leistung, die nur den allerwenigsten historischen Persönlichkeiten vergönnt war: Die Umsetzung einer politischen Vision in die Realität. Mit seiner 1896 erstmals erschienenen Schrift »Der Judenstaat« schuf er die Saat für die zionistische Bewegung, die sich rasch unter den Juden in aller Welt verbreitete und nach dem Grauen und unermesslichen Leid der Schoa im Mai 1948 in der Gründung des Staates Israel aufging. Gleichzeitig hatte schon Herzl mit zahllosen Zweiflern und Kritikern seines Vorhabens innerhalb und außerhalb des Judentums zu kämpfen. Dies vorausahnend schrieb er in der Vorrede zum »Judenstaat«: »Um den Entwurf vor dem Verdacht der Utopie zu schützen, will ich auch sparsam sein mit malerischen Details der Schilderung. Ich vermute ohnehin, dass gedankenloser Spott durch Zerrbilder des von mir Entworfenen das Ganze zu entkräften versuchen wird.«[2] Hier offenbart sich auch ein Konflikt in der Seele des Berufsautors Herzl, denn den Unterhalt für sich und seine Familie verdiente er mit dem Schreiben von Feuilletons für die *Neue Freie Presse*, die sich durch eben die »malerischen Details« auszeichnen, die der politische Visionär Herzl sich untersagte. Stattdessen berief er sich auf die Kräfte der Naturgesetze: So wie der menschliche Einfallsreichtum die neuesten Erkenntnisse der Mathematik, Physik und Chemie in Maschinen und andere Erfindungen umsetzte, um das tägliche Leben zu erleichtern und zu verfeinern, genauso wollte er die menschlichen Energien der Juden in aller Welt bündeln und fokussieren:

»Dieses Jahrhundert hat uns eine köstliche Renaissance gebracht durch die technischen Errungenschaften. Nur für die Menschlichkeit ist dieser märchenhaft Fortschritt noch nicht verwendet. Die Entfernungen der Erdoberfläche sind überwunden, und dennoch quälen wir uns ab mit Leiden der Enge. Schnell und gefahrlos jagen wir in riesigen Dampfern über früher unbekannte Meere. Sichere Eisenbahnen führen uns hinauf in die Bergwelt, die man ehemals mit Angst zu Fuß bestieg. Die Vorgänge in Ländern, die noch gar nicht entdeckt waren, als Europa die Juden in Ghetti sperrte, sind uns in der nächsten Stunde bekannt. Darum ist die Judennot ein Anachronismus – und nicht, weil es schon vor hundert Jahren eine Aufklärungszeit gab, die in Wirklichkeit nur für die vornehmsten Geister bestand.

Nun meine ich, dass das elektrische Licht durchaus nicht erfunden wurde, damit einige Snobs ihre Prunkgemächer beleuchten, sondern damit wir bei seinem Scheine die Fragen der Menschheit lösen. Eine, und nicht die unbedeutendste, ist die Judenfrage. Indem wir sie lösen, handeln wir nicht nur für uns selbst, sondern auch für viele andere Mühselige und Beladene.«[3]

Der Judenstaat würde Wirklichkeit werden, weil er technisch machbar war. Doch die Zitate belegen nicht nur Herzls unerschütterlichen Glauben an den Fortschritt der Technik zum Wohle der Menschheit, sondern damit auch sein großes soziales Mitgefühl, beides Konstanten und Antriebskraft seines Lebens.

Bevor die vorliegende Auswahl erläutert wird, soll ihr Umfeld abgesteckt werden: Herzls zionistische Schriften sowie Briefe und Tagebücher sind längst (neu) ediert. Die Bücher über sein Leben und politisches Werk sind Legion. Als Standardwerk zu seiner Biografie gilt immer noch das 1935 verfasste Werk von Alex Bein. Hervorgehoben werden soll auch der prachtvolle Bildband von Julius H. Schoeps[4]. Hinzu kommt eine kaum überschaubare Anzahl von Büchern und Artikeln, von denen manche in ihrem Enthusiasmus ein wenig undifferenziert sind. Bislang wenig beachtet wurde sein literarisches Werk. Obgleich etlichen seiner Theaterstücke ein Bühnenerfolg beschieden war, hat sich der literarische Geschmack und auch die in der Literatur verwendete Sprache seit der Zeit um 1900 sehr verändert, sodass sie in Vergessenheit gerieten. Wenig Beachtung wurde bislang auch seinem Werk als Journalist und Schriftsteller geschenkt – seinen Feuilletons. Dies liegt nicht zuletzt an der seinerzeitigen Vielfalt all dessen, was um 1900 »Im Feuilleton« veröffentlicht wurde. Dies reichte von Stimmungsbild und Reisebericht über Theater- und Buchkritik bis zu Novelle und philosophischer Betrachtung. Damals hatte man offenbar noch mehr Zeit für die Zeitungslektüre und das Feuilleton war täglicher und konstituierender Bestandteil davon. Seine Autoren genossen weit höheres Ansehen als die Verfasser von politischen Nachrichten – weil ihnen literarische Qualität zugebilligt wurde. Heute ist das Feuilleton als Textgattung quasi ausgestorben. Der Begriff existiert noch als Bereichtitel, den sich im deutschen Sprachraum aber nur wenige Qualitätszeitungen leisten können und wollen. Ein rein literarischer Teil würde heute kaum der Erwartungshaltung des Publikums an eine moderne Zeitung entsprechen.

Theodor Herzl verfasste zwischen 1887 und 1904 an die 280 Feuilletons, anfangs auch für die *Wiener Allgemeine Zeitung*, ab 1889 ausschließlich für die *Neue Freie Presse*.[5] Bislang wurde nur ein Teil davon auch in Buchform herausgegeben, es existieren zwei Editionen mit Herzl-Feuilletons. Die zweibändige Auswahl des Wiener Verlags aus dem Jahr 1903 bildet einen repräsentativen Querschnitt aus seinem Œuvre und ist unterteilt in die Kapitel: Von Kindern, Komödien, Wiener Stimmungen, Englische Nebelbilder, Bücher, Schwänke des Lokalreporters, Aus den Pariser Tagen, Reisen und Philosophische Erzählungen. Sie zeigen, dass Herzl zu Recht zu den bestbezahlten Feuilletonisten im Wien um 1900 gehörte. Dennoch mutet die Breite der Erzählstränge und der elegisch-larmoyante Tonfall des »Flaneurs« in unserer hektischer gewordenen Zeit etwas anachronistisch an, wohingegen andere Passagen bereits dem erhöhten Tempo der neuen Zeit Rechnung tragen.

Die von André Heller kommentierte Auswahl in der Jugend & Volk Edition Wien hat ihr Programm schon im Titel: Theodor Herzl – Ein echter Wiener. Im Vorwort schreibt Heller über Wien und seine Dichter:

»Notwendige Voraussetzung für einen Schriftsteller oder Dichter, diese Stadt in Sprache fassen zu können, scheint mir: dass er und sie auf denselben Ton gestimmt sind. Diese Gleichstimmung ist ein Gottesgeschenk, das man beim besten Willen nicht erlernen kann und das in jeder Generation nur sehr wenige erhalten. Sie heißen in diesem Jahrhundert, in sicher unvollständiger Aufstellung: Altenberg, Schnitzler, Hofmannsthal, Polgar, Roth, Musil, Doderer und zuletzt Artmann. Diese Meister der Wiener Seele, Sonderabteilungen bilden Karl Kraus, Canetti, Herzmanovsky-Orlando und Qualtinger, hatten aber in der lokalen Literaturgeschichte stets Trabanten, die in der Regel noch um einiges faszinierendere und gültigere Arbeitsergebnisse schufen als die Mehrzahl der derzeitigen Fixsterne. Empfindsame und kritisch Liebende waren es, die häufig Spuren sicherten, die die ganz Großen übersehen haben. Ich würde zu dieser allerersten zweiten Garnitur Felix Salten zählen, Anton Kuh, Hermann Bahr und Theodor Herzl. [...] Es ist schändlich, wie viele

Jahrzehnte die Wien-Betrachtungen Herzls im Buchhandel vergriffen waren, und man möchte meinen, dass zumindest Zehntausende, dem Judentum Verbundene, an einer Lektüre der literarischen Arbeiten einer der interessantesten jüdischen Persönlichkeiten interessiert sein müssten. Darüber hinaus sind die in diesem Band vereinten Texte aber das ergreifende Dokument eines Zerrissenen, der mit guten Argumenten Palästina predigte und mit ebensolchen Wein trank. Ein Wien, worin die Juden 34 Jahre nach Herzls Tod vertrieben, gepeinigt und ermordet wurden. Ein Wien, worin man heute noch Wahlkämpfe leichter für sich entscheiden kann, wenn man antisemitische Emotionen anspricht.«[6]

Herzl wird für seine Wahlheimat Wien neu entdeckt, aus der jüdisches Leben fast ausgelöscht wurde und wo es auch heute noch zweifelhaft ist, ob jeder (nichtjüdische) Maturant seinem Namen die adäquate Bedeutung zumessen könnte.

Die vorliegende Auswahl möchte zwei bislang kaum beachtete Aspekte in Leben und Werk von Theodor Herzl hervorheben: sein Interesse für die Neuerungen der Technik und seine Auseinandersetzung mit außereuropäischen Kulturen.

Ausgewählt wurden daher visionäre Texte wie »Das Automobil« und »Das lenkbare Luftschiff«, die ihn als gelehrigen Schüler von Jules Verne erweisen. Dies wird insbesondere bei »Phileas Fogg, der Jüngere« offensichtlich. In »Neue Nasen« wird mit dem Thema Schönheitsoperation überaus hintergründig und witzig auch der Antisemitismus angesprochen. In »Radfahren« nimmt sich Herzl eines Themas an, das erst in den letzten Jahrzehnten auf kommunalpolitischer Ebene eine Rolle spielt. Es sei darauf hingewiesen, dass Herzls Feuilletons von seinen Zeitgenossen nicht nur unter literarischen Gesichtspunkten gesehen wurden, so vermerkte er am 1. Juni 1896 in sein Tagebuch: »Mein gestriges Feuilleton, ›Das lenkbare Luftschiff‹, wurde ziemlich allgemein als eine Allegorie auf den Judenstaat verstanden.« Vielleicht war dies aber auch nur Wunschdenken, denn bereits am 12. Mai 1896 hatte er im Tagebuch notiert:

»Große Dinge brauchen kein festes Fundament. Einen Apfel muss man auf den Tisch legen, damit er nicht falle. Die Erde schwebt in der Luft. So kann ich den Judenstaat vielleicht ohne jeden sicheren Halt gründen und befestigen. Das Geheimnis liegt in der Bewegung. (Ich glaube, dahinaus wird auch irgendwo das lenkbare Luftschiff gefunden werden. Die Schwere überwunden durch die Bewegung; und nicht das Schiff, sondern dessen Bewegung ist zu lenken.)«

Eine schwierige Aufgabe war die Auswahl seiner Reisefeuilletons. Herzl hatte Frankreich, England und Italien bereist und vielfach darüber geschrieben, entsprach dies doch auch dem Geschmack des Publikums. Doch dies waren die exklusiven Destinationen des 19. Jahrhunderts und seine diesbezüglichen Feuilletons erwecken mitunter den Eindruck der Serienproduktion. Daher erschien es von besonderem Interesse, nicht zuletzt unter dem Blickwinkel der Globalisierung, nachzulesen, was Herzl vor mehr als hundert Jahren über außereuropäische Zivilisationen schrieb. Das Hauptaugenmerk richtet sich auf imaginäre Fernreisen zu den Orten, die im 20. Jahrhundert entscheidend in das Weltgeschehen eingreifen würden – den Vereinigten Staaten von Amerika und Japan, worüber Herzl jeweils zwei Feuilletons verfasste. Japan bewunderte er insbesondere, weil es sich innerhalb weniger Jahrzehnte aus einem enormen technischen Rückstand ins 20. Jahrhundert katapultierte – nicht ohne gleichzeitig seine mittelalterlich anmutende politische Struktur beizubehalten.

Ein reales und heiß ersehntes Reiseziel war jedoch das verheißene Land der Väter »Eretz Israel« – doch darüber durfte Herzl keine Feuilletons schreiben, da die Herausgeber der *Neuen Freien Presse* unter keinen Umständen den Eindruck erwecken wollten, dass ihr Blatt als Sprachrohr des Zionismus angesehen würde. Doch zwei Feuilletons über Ägypten geben seine Eindrücke über die arabische Bevölkerung und seine Liebe zum Ambiente des Nahen Ostens wieder. Sie lassen seine tiefe Sehnsucht erkennen:

»Zwischen zwei Träumen liegt Ägypten. Der eine Traum war die Hinfahrt, der andere ist die Rückreise. Blaue Tage, höchst

sonnig und winddurchhaucht. Das Festland ist versunken. Eine Weile konnte man danach zurückschauen und sah es verblassen wie eine Jugend, seine Linien wurden duftig. Vor uns aber lag das glorreiche Meer, das Adriatische nennen sie es. Es ist ganz einfach das Meer; ein Name, von Menschen gegeben, will sich in den heiligen Stunden dafür nicht recht eignen. Freilich, aus den Ortsnamen klingt auch Altes, Großes heraus, ein Geschehen, das manchmal gewaltig war. Um dieses weite Wasserbecken haben sich seit manchen tausend Jahren Völker und Stämme herumgetrieben, geschlagen. Völker ohne Zahl, auch schon in den geschichtlichen Zeiten allein. Gekommen, gerauft, verschwunden. Das Meer sah aus wie jetzt. Auf besseren Schiffen werden unsere späten Söhne diesen Weg befahren.«[7]

Marcus G. Patka,
Wien im Mai 2004

Anmerkungen

Mein besonderer Dank gilt DI Georg Haber, dessen Anregungen wesentlich zur Auswahl der Feuilletons beigetragen haben; Mag. Angelika Hausenbichl führte die Bibliotheksrecherche und das Eintippen durch, Wiebke Krohn, M. A., war an der Erstellung der Anmerkungen beteiligt.

1 Theodor Herzl: (Herzls Vorrede zur ersten Auflage). In: Der Judenstaat. Berlin: Jüdischer Verlag 1918, S. 12.
2 Ebd.
3 Ebd., S. 16.
4 Julius H. Schoeps (Hg.): Theodor Herzl 1860–1904. Wenn Ihr wollt, ist es kein Märchen. Wien: Brandstätter 1995.
5 Information laut einer von Central Zionist Archives zusammengestellten Liste der Herzl-Feuilletons.
6 André Heller: Ton in Ton mit Wien. In: Theodor Herzl – Ein echter Wiener (hg. von Franz Endler). Wien: J&V Edition Wien o. J., S. 6.
7 Theodor Herzl: Die Reise nach Ägypten. In: Neue Freie Presse, 12.4.1903.

Technik

Theodor Herzl mit dem Bicycle in Altaussee, August 1900

Radfahren
(1896)

Wenn man uns das vor zehn Jahren gesagt hätte – nein, noch vor fünf oder drei oder zwei Jahren. Ernsthafte Leute würden sich das als respektwidrige Zumutung mit einer gewissen Trockenheit verbeten haben. Es war die allzu muntere Leibesübung junger Burschen oder lächerlicher Sportsnarren. Und heute sieht man ehrenfeste unjunge Leute auf dem Zweirade durch die Gassen jagen, und sie machen dazu ganz ernsthafte Mienen. Viele schämen sich freilich noch, wenn sie auf dem Rade ertappt werden, weil sie sich einer Welt von Vorurteilen gegenüber befinden. Es gibt vielleicht sogar wackere Männer, die sich sagen, ob sie noch würden für den Gemeinderat kandidieren können, wenn man sie einmal auf dem Bicycle erblickt hätte. Es ist zwar bekannt, dass der Kaiser von Russland und noch ein anderer Präsident der französischen Republik, Herr Casimir-Perier, öffentlich das Zweirad bestiegen, und dass es jetzt schon in jedem Lande berühmte und angesehene Personen gibt, welche sich dieses neuen Fuhrwerks bedienen. Aber die ungeheure Mehrheit der vernünftigen Leute fürchtet dennoch, sich durch das Radfahren zu kompromittieren. Ich glaube, man weiß nicht, was es ist. Niemand weiß es, der nicht selbst schon frei auf dem Rade gefahren ist. Und wer, durch Zufall oder Überredung dazu gebracht, es nachher lobt, der sieht verdächtig aus, als suchte er Entschuldigungsgründe oder Genossen für seine Torheit.

Es ist mir dieser Tage passiert, dass ich, vom Rade steigend, mit einem liebenswürdigen Gelehrten unserer Universität zusammentraf. Er sah mich sehr verwundert an. Ich erlaubte mir, ihm zu sagen: »In einem Jahre fahren Sie auch, Herr Hofrat!« Das lehnte er entschieden ab. Er halte es für ungesund. Die aufrechte Haltung leide darunter. Wir wollten doch nicht wieder

Vierfüßer werden. Es gebe viel gesündere Bewegungen. »Welche?«, fragte ich – »Zum Beispiel das Gehen!«, antwortete Professor Rothnagel. Aber er forderte mich mit nicht undeutlicher Ironie auf, einen Artikel über die psychologischen Wirkungen des Radfahrens zu schreiben.

Ungesund – hm, wie vieles, das wir treiben, ist nicht ungesund? Ich glaube, selbst das Gehen – zum Beispiel – kann schädlich wirken, wenn es ohne Maß und Rücksicht auf den körperlichen Zustand ausgeübt wird. Freilich werde ich es in meiner tiefen Unwissenheit nicht wagen, darüber mit Gelehrten zu streiten. Nur einige falsche Vorstellungen der Fußgänger, die von den Radfahrern durch eine Kluft getrennt sind, möchte ich berichtigen. Es ist durchaus nicht sinnlos, wenn die Radfahrer sich durch eigene Tracht, einen besonderen Gruß und andere kleine Züge von der Menge zu unterscheiden versuchen. Sie vertreten tatsächlich, ob sie es wissen oder nicht, schon eine andere Zeit.

Denn wir assistieren da ganz einfach einem großartigen Umwandlungsprozesse, einem geschichtlichen, mit Verlaub! Das klingt heute wohl noch überschwänglich, aber man darf es schon sagen, ohne für mehr als ein bisschen exzentrisch gehalten zu werden. Vor ein paar Jahren hätte es als ein verrückter Ausspruch gegolten. Und wieder in ein paar Jahren wird jeder es selbstverständlich finden. Es wird eine eroberte Wahrheit sein. Ich erinnere mich eines törichten Satzes, den ich vor einigen Jahren niederschrieb und worin ich mit der Überlegenheit eines Mitgliedes der kompakten Majorität von der »Strafknechtschaft des Radfahrens« sprach. Richtig ist, dass das Radfahren keine Strafknechtschaft, sondern ein Vergnügen, und kein Geckensport, sondern eine nützliche Verkehrsart ist, die immer unentbehrlicher werden muss, je mehr sie die übrigen Verkehrsverhältnisse durchdringt. In diesem wechselseitigen Anpassen, das wir zwischen der neuen Übung und den alten Zuständen wahrnehmen können und von Tag zu Tag deutlicher sehen werden, besteht der Umwandlungsprozess, wahrscheinlich der merkwürdigste, den zu sehen unserer Generation vergönnt sein wird.

Wir heutigen Menschen sind schon in der Welt geboren, die von Eisenbahnen durchzogen ist. Mit unserem Eintagsfliegenverstand nehmen wir die Verkehrswunder hin, als ob sie auch gestern da gewesen wären und nicht den mächtigsten geschichtlichen Vorgang bedeuteten. Aber wenn ich im Orientzuge, nach Frankreich fahrend, Börnes Schilderung seiner umständlichen Wagenreise von Frankfurt nach Paris lese, ergreift mich der Wandel der Bedingungen, unter denen wir leben, mit der sonderbarsten Gewalt. Dieser kühne und unbeschränkte Geist räsoniert noch aus einer Enge heraus, die uns geradezu unverständlich erscheint. Und wenn er die Galerie d'Orléans im Palais Royal als ein Wunder der Baukunst und etliche Gasflammen daselbst als ein ungeahntes Meer von Licht preist, so kommt er uns Globetrottern und Weltstädtern als ein recht dürftiger, einfältiger Provinzler vor. Er, einer der vorgeschrittensten Geister seiner Zeit, die uns noch so nahe ist. Dämmert es uns nicht auf, dass es da eine Grenze der Epochen gab, so weltbedeutend wie die des Buchdrucks, eine Geschichtsgrenze, von der ab die Wässer anders fließen, eine andere Vegetation erwacht und die Menschen eine andere Sprache reden? Die Welt hat ein neues Aussehen bekommen, wovon wir uns keine Rechenschaft mehr geben, weil wir das Vorherige und den Übergang nicht geschaut haben. Wie aber war die Stimmung und Auffassung der Mitlebenden an dieser Geschichtsgrenze? Wie viele Lustspiele und Tragödien hat dieser Fortschritt im Schicksale der Menschen aufgeführt? Das Wirtshaus an der Landstraße, das über Nacht zugrunde ging. Das verlorene Dorf, das plötzlich zu einem Knotenpunkt des Verkehrs anschwoll. Tausend Gebrauchsgegenstände, die überflüssig wurden, die man aber hilflos, bewusstlos forterzeugte, weil man nicht gleich verstand, was in der Welt vorging. Jähe Armut, unverhoffte Reichtümer, ein märchenhafter Wechsel in den Bedingungen des Lebens, und wie das alles traurig oder spaßhaft in einzelnen Existenzen auszitterte. Von dieser Geschichtsgrenze her sind noch viele Dramen zu holen.

Und etwas Ähnliches – kleiner, viel kleiner, aber immerhin

noch bedeutend genug – spielt sich jetzt um das Zweirad herum ab, das vor einigen Jahren noch wie ein Spielzeug aussah und jetzt so gewaltige Veränderungen hervorruft. In Ländern, wo das Radfahren verbreiteter ist als bei uns, hat es schon förmliche Krisen entstehen gemacht. In einer amerikanischen Zeitschrift gab unlängst Mr. J. Bishop eine Übersicht der vom Bicycle angerichteten Verheerungen. Es ist wohl nur eine Schätzung, die mit mancher vieldeutigen Ziffer operiert, aber es überkommt uns daraus doch schon eine Ahnung von gewaltsamen und großen Umwälzungen. Wenn geradezu ganze wirtschaftliche Krisen dem Zweirade zur Last gelegt werden, so ist das sicher übertrieben, wenigstens vorläufig noch. Es liest sich aber unterhaltend als ein glitzerndes volkswirtschaftliches Paradoxon, wenn Mr. Bishop durch das Zweirad alle Luxusindustrien zugrunde gehen lässt. Er teilt mit, das für das Jahr 1896 auf den Verkauf von etwa einer Million Bicycles in den Vereinigten Staaten gerechnet werde. Das Stück zum Durchschnittspreise von zweihundert Gulden gerechnet, ergibt dies eine ansehnliche Summe, die zum größten Teile den Luxusindustrien entzogen wird. Juweliere und Uhrmacher sind am schwersten getroffen. Junge Burschen, junge Mädchen verlangen nur noch Bicycles als Gelegenheitsgeschenke. Die Klavierfabrikanten beklagen sich ebenfalls bitterlich. Der Umsatz soll im vergangenen Jahre auf die Hälfte der vorherigen jährlichen Durchschnittsziffer herabgesunken sein. Man spielt also weniger Klavier, das ist ja gar nicht übel. Aber man liest auch nicht mehr, klagen die Verleger. (Von den Schmerzen der Autoren ist ja ohnehin nie die Rede.) Ein New Yorker Verlagshaus gibt die Verminderung seines letztjährigen Umsatzes mit zweieinhalb Millionen Gulden an. Diesen Jammer hörten wir auch schon aus Frankreich, wo die »Buchkrise« dem Zweirade zugeschrieben wurde. Die Leute sitzen nicht mehr hinterm Ofen, sondern fliegen aus.

Es ächzen ferner die Schneider, weil der Radfahrer eine billige Uniform trägt; die Schuster, weil er nicht mehr so viele Stiefel abnützt; ja selbst die Friseure, weil er angeblich weniger

Sorgfalt auf Haar und Bart verwendet. Dies wird aber wohl nur so lange dauern, als der Radfahrer eine gewisse Scheu vor dem Innern der Städte empfindet. Allmählich wird man auch auf dem Rad elegant aussehen wollen, und in Paris ist das schon jetzt zu bemerken. Imposanter ist eine andere Angabe des Mr. Bishop. Er behauptet, dass nach verlässlichen Erhebungen der Tabakkonsum in den Vereinigten Staaten wesentlich abgenommen habe. Man schätzt den Ausfall in diesem Jahre auf ungefähr 2,5 Millionen Gulden täglich. Der Schaden, den die Tabakmanufaktur seit dem Aufschwung des Radfahrens in Amerika erlitten hat, soll mehr als anderthalb Milliarden Gulden betragen. Wenn das auch nur annähernd wahr ist, braucht man darüber nicht betrübt zu sein. Es bedeutet immerhin, dass dem Organismus ein bisschen weniger Gift zugeführt wird. Im Klagechor fehlen natürlich die Theaterdirektoren nicht. Diese möchten sich am liebsten über jeden Menschen beschweren, der zur Theaterzeit frei herumgeht. Dass Wagenfabrikanten, Pferdehändler, Fuhrwerksinhaber gekränkt sind, ist klar. An der Wurzel getroffen sind aber die großen Verkehrsunternehmungen der Städte, Omnibusgesellschaften, Trambahnen etc. Es wird wohl noch eine Weile dauern, bis sich der Ausfall da in namhaften Ziffern bemerkbar macht, doch lässt sich schon erraten, dass insbesondere der Lokalverkehr der Eisenbahnen leiden wird. Es dürfte eine schwache Kompensation sein, dass manche Radfahrer ein Streckchen weit die Eisenbahn benützen.

Und da sind wir auf der Höhe der Frage. Die verlassene Landstraße kommt plötzlich wieder zu Ehren. Die Zeit, die in den Wartesälen verbracht werden musste, wird zur Fahrzeit geschlagen, und dadurch erhält das Radfahren eine unverkennbare Überlegenheit gegen die Bahnreise. Es ist freier, bequemer, billiger, und nur bei schlechtem Wetter ist die Eisenbahn vorzuziehen. Auf den großen Völkerstraßen sieht man jetzt noch da und dort die Ruinen der voreisenbahnlichen Zeit: Gasthöfe, Schänken, die jäh verfielen, als Ihre Majestät die Lokomotive heranbrauste. Nun schwebt die leichte Bicyclette einher und führt ein neues Leben mit sich. Den vergessenen Wirten, die hilflos, stumpf, unbeweglich dahockten und in einer gramvollen Beschränktheit zusahen, wie sie immer ärmer wurden, erscheint das Zweirad wie ein Segen Gottes. Zwar dem Hufschmied aus der guten alten Vorspannzeit ist nicht mehr zu helfen, aber der Schlosser hat manchmal zu tun, und am Ende kommt es dem ganzen Dorfe zu statten, wenn es wieder in der Welt liegt. Es fällt mir eine kuriose Geschichte ein, die sich in der guten alten Zeit in den Rheinlanden abspielte. Da wendete sich eine Ortschaft an die Regierung mit der Bitte um einen Berg. Ja, um einen Berg. Die Landstraße war dort nämlich zu glatt und gut, sodass die Kutscher ohne Aufenthalt ihren Durst am Ort vorbeiführten. Darum baten die klugen Männer des Fleckens, dass man die vorhandene Bodenerhöhung benütze, an deren Fuß die gute Straße hinging, und dass man diese steil mache. So geschah es auch im Gnadenwege. Unter Hü und Hott schwitzender Kutscher, Radbrüchen und allerlei Pferdeunfällen bergauf und bergab gedieh dann wieder das schlaue Dorf.

Das Bicycle ersetzt diesen künstlichen Berg, und wenn viele darüber jammern müssen, so können auch viele jauchzen. Dass die neue Industrie, die einen begehrten Artikel in solchen Massen erzeugt, unzählige Hände beschäftigt, dass hundert fruchtbare Anregungen unmittelbar und mittelbar davon ausgehen, das sieht man ein. Die wirtschaftlich bedrohten Existenzen müssen trachten, sich auf das neu erschlossene Gebiet hinüberzuretten. Schon gibt es eine Radfahrwelt mit vielfältigen Bedürfnissen, die den Fleißigen und Klugen Ersatz bieten können. In einer Zeit von so raschem, hohem Gang verkommen nur die Schläfrigen.

Ist das Radfahren aber nicht doch nur eine weitere Annehmlichkeit für die Upper tens? Zunächst möchte es ja scheinen, als wäre das Zweirad nur zur Erleichterung des Loses derjenigen da, die sich ohnehin schon nicht zu beklagen haben. Das neue Fuhrwerk ist noch zu teuer. Es muss und wird eben billiger werden. Ist erst die Bedeutung des zweirädrigen Wagens gut erkannt, so muss die jetzt schon erhebliche Produktion noch ungeheuer wachsen. Die Konkurrenz wird den breiten Schichten allmählich zu billigen Fahrmaschinen verhelfen. In Folge der Verbesserungen werden jährlich unzählige Räder zurückgestellt, die für weniger anspruchsvolle Leute noch ganz brauchbar sind. Dank der gegenwärtigen Wirtschaftsunordnung ist endlich eine Überproduktion teurer Fahrräder vorauszusehen, und die Krise wird den Preissturz ergeben, der das Bicycle in die Massen bringt. Wir können uns die ferneren Folgen nach den bisherigen Wahrnehmungen nur als günstige denken. Die Wege, auf welchen die Menschen zu höheren Graden der Wohlfahrt aufsteigen, sind zuweilen wunderbar. So wird das Beispiel einer humanen Verwendung des Fahrrades gewiss manchen nachdenklich stimmen. In Harburg ist ein Fabrikant, der ein recht weichherziger Ausbeuter zu sein scheint. Er schaffte für seine außerhalb der Stadt wohnenden Arbeiter Fahrräder an, wodurch es ihnen möglich wird, sich in ziemlich fernen Dörfern anzusiedeln. Dort leben sie mit ihren Familien unter billigeren und gesünderen Bedingungen und verlieren nicht zu viel Zeit mit der Wanderung nach der Fabrik. Ja, statt einer solchen erschöpfenden, missmutigen Wanderung ist ihnen eine aufheiternde Bewegung geschenkt. Hat dieser gute Fabrikstyrann nicht in aller Stille viel mehr getan, als es tausend sozialistelnde Reden vermöchten? Das sorgenvolle Problem der Arbeiterwohnung ist da mit einem Ruck der Lösung näher gebracht. Der Menschenknäuel, den die Dampfmaschine um sich versammelt, kann glücklich gelockert werden, und die Proletarierkinder müssen nicht in der dumpfen Enge verkümmern, in der die Väter das Brot erwerben. Das ist nur eine vereinzelte Anregung, aber sie kann fruchtbar werden; sie stellt jedenfalls einen Schritt auf dem Wege vor, den wir nehmen sollen, um die technischen Errungenschaften in Wohlfahrt umzusetzen. Fabrikanten können leicht eine größere Anzahl von Fahrrädern anschaffen und ihren Arbeitern vermieten, die dafür dankbar sein werden. Wenn wir das Zweirad so betrachten, dämmert in uns die Ahnung auf, dass es das Heilmittel sei gegen die gefährliche Hypertrophie der großen Städte.

Und dieses nützliche, demnächst unentbehrliche Verkehrsinstrument war lange Zeit missachtet. Die sich seiner bedienten, wurden verhöhnt. Ich will die ersten Radfahrer nicht überschätzen. Es waren wohl zumeist Sportsnarren, die das trieben, wie sie irgendeine andere Fexerei getrieben hätten. Aber die Spötter haben Unrecht behalten. Noch vor zehn oder fünfzehn Jahren machte man sich weidlich lustig über die Radbrüder. Es gab scherzhafte Zukunftsbilder, auf denen Bäcker, Briefträger, Soldaten komisch einherfuhren. Siehe, diese Zukunft ist schon da. Unlängst sah ich einen Fleischhauer mit einer umgehängten Strohtasche auf dem Rad über die Ringstraße jagen. In Görlitz vor dem Hauptquartiere des preußischen Generalstabes hielt während der letzten Manöver eine Abteilung militärischer Bicyclisten für den Nachrichtendienst. In Krieg und Frieden wird schon mit dem Fahrrade gerechnet. Man sollte wahrhaftig alle Karikaturen sorgsam aufbewahren. Die Spötter werden schließlich die Verlachten.

Weiß man, wie alt das Zweirad schon ist, wie lange es also auf den Erfolg warten musste? Es ist ungefähr so alt wie das Jahrhundert. Wagen ohne Pferde gab es schon früher. 1649 fertigte Hanns Hautsch in Nürnberg einen Kunstwagen an, »welcher also frey geht und bedarff keiner vorspannung von pferden oder anders«, wie eine Chronik meldet. »Und geht solcher Wagen in einer Stund 2000 Schritt, man kan still halten, wann man wil, man kann fortfahrn, wann man wil, und ist doch alles von uhrwerck gemacht.« Dieser Nürnberger Wagen hatte vier Räder. Anderthalb Jahrhunderte vergingen, bis man auf drei und endlich auf zwei Räder kam. Es gab eine Entwicklung mit vielerei wunderlichen Erfindungen. Wilhelm Wolfs Buch »Fahrrad und Radfahrer« enthält einige interessante Bilder aus der Geschichte dieser Entwicklung. Der Gedanke, einen Wagen durch die Kraft des Fahrenden selbst fortzubewegen, ging nicht mehr verloren. Die mit Händen und Füßen getriebenen Dreiräder behielten aber eine Schwerfälligkeit, die noch jetzt nicht überwunden ist.

Als Erfinder des Zweirades gilt der badische Forstmeister Freiherr von Drais, der im Jahre 1816 mit seiner »Laufmaschine« nach Paris kam und sich im Tivoli-Garten zeigte. Aber schon 1800 lief man in Paris auf Zweirädern. Es war tatsächlich eher Laufen als Fahren zu nennen. Der Radreiter saß auf dem Holzrücken, welcher die beiden hintereinander stehenden Räder verband, seine Füße berührten den Boden, und er stieß sich abwechselnd rechts und links fort. Es war eine ziemlich wertlose Spielerei, fand jedoch Verbreitung. In England hieß man es »das Fußgänger-Steckenpferd«, und es scheint bei Sportfreunden beliebt zu sein. Wie viele Leute machten nun seit dem Auftreten des Herrn von Drais in Paris die Wahrnehmung, dass man die Füße nicht mehr auf den Boden zu setzen brauche, um sich im Gleichgewichte zu erhalten, wenn das Rad einmal im Rollen sei! Dennoch vergingen sechsundvierzig Jahre, bis Michaux in Paris 1862 am Vorderrade der »Draisine« zwei Tretkurbeln anbrachte. Das war die entscheidende Verbesserung, wichtiger als es die Erfindung selbst gewesen. Das Zweirad machte dann einige Phasen durch, die nur noch geschichtliches Interesse haben. Die heutige Form der Bicyclette scheint uns schon sehr vollkommen; sie ist zierlich, fest und sicher. Es gibt auf dem Rad Gefahren, natürlich. Doch bei welcher schnellen Bewegung gibt es solche oder ähnliche nicht? Übrigens wird das Fahrrad fort und fort verbessert. Viele Köpfe denken darüber nach, wie man es noch leichter, noch dauerhafter, noch sicherer machen könne. Das Steckenpferd des Herrn von Drais ist eine gar köstliche Maschine geworden, in deren eisernem Spinngewebe Schätze von menschlichem Scharfsinn stecken. Schon ist klar, wie das Fahrrad gewaltig auf die Zustände der Menschen einwirken, wie es das Aussehen der Städte und viele Bedingungen unseres Lebens verändern muss. Es wird in mancher Beziehung dem Einzelnen wieder zu seinem Recht verhelfen. Von den kollektivistischen Verkehrsmitteln mit ihrem Massendruck gelangen wir wieder zu individualistischen, wieder in eine neue Freiheit hinaus. Wer das ahnungsvoll an sich erleben will, der steige aufs Rad. Wie sagt der Nürnberger Chronist? »Man kan still halten, wann man wil, man kan fortfahren, wann man wil.« Auch wer es nicht für seine Geschäfte benötigt, auch wer nicht zum Sport aufsitzt, wird es mit Vorteil gebrauchen. Man sieht viele Dinge ganz neu; an den gewöhnlichen jagt man vorüber, so schnell, wie sie es verdienen. Die Fußgänger schleppen sich mit einer unverständlichen Langsamkeit und Trübsal dahin. Ein Tritt auf die Kurbel, und sie sind überholt, sie sind schon fern, schon klein. Die Fahrt besteht aus gesteigerten Augenblicken. Es ist eine Poesie in dieser Hast. Wie im Fluge geht es abends durch dunkle, arme Gassen. Man blickt eilig und betroffen in Verhältnisse, um die man sich sonst nicht kümmerte: hier durch ein Fenster in ein Handwerkerheim, dort in eine Schänke, in der es zum Erbarmen lustig zugeht. Ab und zu gelangt man in eine schwärmerische Gegend. Klaviergeklimper und Gesang, zärtliche Schatten im Lichtausschnitt eines Fensters. Leise bezaubert von der alten Komödie fahren wir langsamer daran vorbei. Und aus einem Bezirk in den andern. Da sieht man erst, was das ist: Ottakring, Gumpendorf, Margarethen! Was da alles vorgeht. Unsere tägliche Erfahrung wird bereichert und vertieft.

Ist die Abendfahrt nachdenklich, so ist die in der Frühe voll von einer lichten Freude. Man gerät einmal auf die Hohe Warte. Plötzlich ertönt aus dem Blindenhaus ein Choral, und es wird einem ganz frühandächtig ums Herz. Oder man fährt in den Prater, weit hinaus, in eine herbstsonnige Freiheit, die wir uns sonst nicht träumen ließen. Auf den Auen liegen persische Teppiche aus welken Blättern, die Ferne hat unendlich zarte Farben, und es ist ein süßer Morgen.

Dies und vieles andere hat uns das Zweirad schon geschenkt, und wir erwarten davon noch Großes. Klingt es nun noch überschwänglich, wenn wir das Zweirad preisen? Um dieselbe Zeit, wo der badische Forstmeister sich im Tivoli-Garten sehen ließ, vereinigten zwei andere Männer in dieser Stadt Paris ihre Bemühungen. Sie hießen Nièpce und Daguerre, und was sie vorhatten, erschien den Flachköpfen ihrer Tage auch nur als eine müßige Spielerei. Sie wollten die Lichtempfindlichkeit chemischer Präparate zur Herstellung von Bildern nach der Natur benützen. Und wie aus der Draisine die merkwürdige Bicyclette geworden ist, so erwuchs aus der Daguerreotypie das wundersame Verfahren, durch das wir jetzt die Mondgebirge, den Vogelflug und das Innere des menschlichen Körpers erforschen. Ein Altersgenosse von Drais und Daguerre, Friedrich Rückert, beschied sich noch mit dieser wohlklingenden Weisheit:

Zu nah den Augen ist nicht besser als zu fern;
Dich selbst durchschaust du nicht, und nicht den
Himmelsstern.
Doch zwischen deinem Ich und jenem Dämmersterne
Liegt eine weite Welt, die zu durchschauen lerne!

Wie ist diese Einsicht des Dichters einfältig geworden. Nichts ist uns zu nah und nichts mehr zu fern. Die Welt wird umgeschaffen und es wird immer lichter um uns, in uns, trotz alledem.

Das, wovon wir heute sprechen, ist nur eine Bewegung der Beine, leicht zu prüfen auf ihre Richtigkeit und Nützlichkeit, jedem leicht zugänglich, sichtbar, hörbar, fassbar, und dennoch war und ist sie so vielen Missverständnissen ausgesetzt, ringt sich schwer zu Anerkennung durch. Wie ist es erst um eine Bewegung der Geister bestellt, die in ihrer Neuheit nicht gleich jedermann einleuchtet! Muss es uns nicht zur Demut stimmen vor unerwarteten Ideen und vor Menschen, die ungeahnte Wege einschlagen wollen? So wird uns dieses Fahrzeug zu einem sinnvollen Paradigma für das Schicksal der Ideen, für ihr Leiden und ihren endlichen wunderbaren Sieg.

Aus Neue Freie Presse, 1. November 1896

Der sterbende Fiaker
(1898)

Gegen das, was sich jetzt im Wiener Fuhrwesen abspielt, ist die Sezession der Künstler rein gar nichts. Man läuft Gefahr, von den ästhetisch Angehauchten für eine ganz rohe Natur gehalten zu werden, wenn man diese Tatsache feststellt, aber doch ist dem so: Der ganze heilige Frühling ist nicht so interessant wie der Kampf der alten Wiener Fuhrwerke mit den neuen. Noch einmal hebt sich der Fiakerkutscher als eine merkwürdige Gestalt auf, er wehrt sich gewaltig gegen den unerbittlichen Gang der Zeit, und es ist nicht schwer vorauszusehen, dass er demnächst mit einem Kernfluche auf den Lippen zusammenbrechen wird – hinfahren nach dem Bezirke, von dem kein Wanderer wiederkehrt. Es ist eine sakrische G'schicht', was sind dagegen die mühsamen Allegorien des ver sacrum.

Wie lebenslustig diese alte Wiener Zeit gewesen, man sieht es noch an der verzweifelten Agonie des Fiakers, der ihr anerkannter Vertreter im volkstümlichen Lied und Bild war. Der Fiaker will durchaus nicht sterben, obwohl seine Tage offenbar gezählt sind. Wer ein bisschen über die Verzehrungssteuerlinie hinausgeschaut, den Sinn anderer großer Städte wahrgenommen, die Zeichen des jetzigen Weltverkehres zu deuten versucht hat, der kann ja keinen Augenblick daran zweifeln, dass diesen berühmten Schnellfahrern das Schlimmste schon passiert ist: Sie sind überholt worden. Die Katastrophe wird sich durch künstliche Mittel noch ein Weilchen hinausschieben lassen, das Schicksal aber ist besiegelt. Man mag es bedauern, wie das Schwinden alles Hübschen und Charakteristischen, doch am Gesetz des Todes ändert ja auch unser Bedauern nichts. Mit der sentimentalen Auffassung löckt man nur wider den Stachel, versäumt man nur die nutzbare Zeit und schädigt gerade diejenigen, denen man seine Sympathie bezeugen wollte.

Ja, warum wird der Fiaker eigentlich so empfindsam betrachtet? Ein Fremder würde es vielleicht nicht verstehen. Die vornehmste Eigenschaft dieses Fahrzeuges ist die Schnelligkeit, und die sollte doch niemanden weichmütig stimmen. Tut sie es aber, so müsste ein noch rascheres Verkehrsmittel die Leute bis zu Tränen rühren. Das Schnellere der Feind des Schnellen. Die Eisenbahn, die elektrische Tramway müsste noch lyrischer angesungen werden als der vergleichsweise doch nur schleichende Fiaker. Aber das Volkslied, in dem der Fiaker so hoch dahinschwebt, ist stumm über die neuen Beförderungsmittel. In anderen Ländern werden diese vom Volke doch schon ab und zu geträllert, in Neapel singt man »Funiculi, funiculà«, auch in Paris gibt es ein Lied vom »Funiculaire«, der Drahtseilbahn, die nach Belleville, glaub' ich, hinauffährt. Unser Omnibus, unsere Tramway sind nur rhetorischer Stoff für Gemeinderäte, aber kein lyrischer für Volkssänger geworden. Die platten Bühnencouplets der Witzchenmacher beschäftigen sich wohl auch mit der Tramway-Misère, aber es geschieht nur aus Armut. Dem Volke sind diese Scherze gleichgültig. Es lacht höchstens über solche Schnurren. Im Gemüte ergriffen ist es von den neuen Verkehrsmitteln nicht. Es bedient sich ihrer mit Unbehagen, es hat nach wie vor Liebe und Bewunderung nur für den Fiaker. Ganz Wien ist imstande, ein Fiakerlied zu singen. »Vom Lamm zum Lusthaus fahr' i«, oder das andere, das man in pietätlosen Kaffeehäusern mit einem niederschmetternden Witz das Jodoformlied nennt: »Jo, do fohr' m'r halt nach Nussdorf 'naus!«

Wodurch hat sich nun der Fiaker im Herzen der Bevölkerung so festgefahren? Er war doch immer nur das Fahrzeug der Reichen, und gewiss haben viele Wiener ihr Leben lang das »fesche Zeugl« angestaunt und besungen, ohne jemals darin gesessen zu sein. Es ist in dieser Stimmung unverkennbar etwas Vormärzliches. Es musste Gawliere* und Hausherren geben, und der ordentliche Wiener sah sie mit Vergnügen vorbeifahren; er stellte sich zufrieden in die Menschenhecke am Rande der Nobelallee, als ob es ewiglich so sein müsste. Im Fiaker fahren!, war der Ausdruck des üppigsten und stolzesten

Lebensgenusses, der aber keinen Neid oder Ingrimm erregte. Die Franzosen sagen dafür: »Tenir le haut du payé«, und aus dem Worte klingt schon etwas Zorn über die Anmaßung derer, die sich auf dem Fahrdamm breit machen. Seit die neuen Zustände revolutionär durchgesetzt wurden, gibt es ja Tage in Paris, an welchen le haut du payé überhaupt von niemandem eingenommen werden darf als von Ihrer Majestät der Menge. Am 14. Juli soll kein Wagen über die Boulevards fahren, man würde ihn sonst umwerfen und zertrümmern. Ja, der Hass gegen den Mietwagen als gegen ein Mittel der besitzenden Bequemlichkeit ist so groß, dass selbst der Kutscher, der ohne Gast über den Boulevard fährt, von der Menge bedroht und oft angegriffen wird. Hier in Wien ist von solchem Unmute keine Rede. Das Volk sieht die Fiaker gerne fahren; höchstens sind ihm die nicht immer recht, die drin sitzen. Aber das Bedürfnis nach Gawlieren und Hausherren im Allgemeinen hat sich erhalten, oder wenn schon nicht das Bedürfnis, so doch der Respekt vor ihnen.

Und zwischen Hoch und Nieder war der Fiakerkutscher eine Art gesellschaftlichen Bandes. Zuweilen kann auch einen Vornehmen die Lust anwandeln, hinauszufahren aus der gemessenen Langweile der Gesellschaft, die sich selbst die gute nennt. Da stand nun der Fiaker mit einem liebreichen Schmunzeln bereit, ganz ergebenst und doch vertraulich, unabhängiger als ein Diener, minder beschwerlich als ein Freund; Figaro auf dem Bock, Leporello nach dem Stundentarif – den er selbstverständlich niemals einhielt. Die Taxe ist überhaupt etwas, was dem Wesen des Fiakers auf das Schroffste widerspricht. Wohl hat es immer Preisvorschriften gegeben, aber sie glichen beiläufig den Gesetzen gegen das Duell: Ein Gentleman darf sie nicht beachten. Die Fiakertaxe lässt sich definieren als die behördliche Fahrpreisbestimmung für diejenigen, die nicht mit dem Fiaker fahren. Die besten Blüten des Humors sind auf dem Boden der Taxe gewachsen. Nur ein Fremder wird es versuchen, sich an die Bestimmung zu halten; wer in den Verhältnissen heimisch ist, wird sich allenfalls beim Kutscher erkundigen, ob dieser geneigt sei, um die Taxe zu fahren. Es wird stillschweigend anerkannt, dass er auf sein Recht verzichte, wenn er das Gesetz einhält. Der Fiaker, dem einer gar zumuten wollte, billiger zu fahren, wird das mit unbeschreiblicher Ironie ablehnen. Charmant ist das Wort jener bekannten Anekdote: Kam einer an den Standplatz und fragte den Kutscher, ob er für einen Gulden zur Westbahn fahren wolle. Dieser erwiderte schlagfertig: »Für das Flörl* führ i Ihner net amal an der Hand hinaus.«

Denn der Fiaker weiß, was er ist; aber ach! Er wusste wenigstens, was er war. Die Fiakerfahrt besteht ja nicht nur im Aufsitzen und Davonrasen. Es gehört auch dazu die sympathische Einladung vor Beginn der Reise: »Fahr'n m'r, Euer Gnaden?« und der cordial ehrerbietige Abschied: »Küss' d' Hand, Gnä' Herr!« Schon die vorherige Erkundigung nach dem Preise würde einen Mehltau auf diese liebenswürdigen Beziehungen zwischen Gast und Kutscher senken, die Fahrt wäre für beide Teile weniger genussvoll, und die Trennung soll, wenn die delikate Frage überhaupt erörtert wird, in der Form vor sich gehen, die von der guten Fiakersitte entwickelt worden ist. Der Gast hat in zutraulichem Tone zu fragen: »Na, was soll ich Ihnen denn geben?« Der Rosselenker wird darauf zunächst antworten: »Na, das wer'n S' ja eh' wissen, gnä' Herr!« und wird schließlich denjenigen hochfliegenden Betrag nennen, von dem er die ganze Zeit der Reise träumte. Das Schicklichste wird es freilich immer bleiben, dem Fahrkünstler eine nach oben hin abgerundete Summe als Honorar in die Hand zu drücken. Die Marge soll bei schönem Wetter ansehnlich sein im Hinblick auf den Genuss, den man hatte, und bei übler Witterung, weil der Kutscher mit solchen Unbilden kämpfen musste. Doch dieses nahezu freundschaftliche Verhältnis, welches den Gast erfreute und den Kutscher berauschte, hat durch die Ungunst der Zeiten sehr gelitten. Sind der Kavaliere weniger geworden? Sind die Hausherren, wie es jener philosophische Spruch für möglich erklärte, in größerer Anzahl gestorben? Tatsache ist, dass die Fiaker über schlechten Geschäftsgang klagen. Man sieht diese einst lebensfrohen Gesellen den größeren Teil des Jahres kopfhängerisch auf den Standplätzen lungern. Ein paar Frühlingswochen hindurch geht es ja noch leidlich, auch in der Rennzeit im Herbst können sie noch vom Lamm* zum Lusthaus jagen. Aber Sommer und Winter sind Jahreszeiten des Missvergnügens für sie geworden. Und wie es zu geschehen pflegt, man doktert an den Symptomen herum, ohne sich vom Zusammenhang der Dinge Rechenschaft zu geben. Unter den Heilmitteln ist in den letzten Tagen der neu erfundene Taxameter aufgetaucht. Es heißt aber das Wiener Fuhrwerk missverstehen, wenn man diese in anderen Städten bereits bewährte Einrichtung einfach hierher übertragen will. Der automatische Preisanzeiger setzt Vehikel voraus, die eine unbedingte Verkehrsnotwendigkeit sind. Der Fiaker ist aber vorwiegend ein Luxusfahrzeug. Man erkennt es am besten, wenn man sich die Möglichkeit eines Strikes vorstellt. Ein Tramwaystrike ist in Wien eine große Verlegenheit für die Bevölkerung. Würde aber die Betriebseinstellung der Fiaker und selbst nur der Einspänner eine nennenswerte Kalamität bedeuten? Ein solcher Ausstand wäre für die braven Leute, die sich ihre Lage verbessern wollten, hoffnungslos. Das Publikum würde sie aushungern, weil es sie nicht recht braucht. Der Verkehr hat hier einen langsameren Pulsschlag als in allen anderen großen Städten, die Massenbeförderungsmittel genügen dem dringendsten Bedürfnisse. Der »Comfortable« a non lucendo war von jeher durch den glänzenden Fiaker zu einem missachteten Vehikel erniedrigt worden, und nun sind sie beide bis zur Widerstandslosigkeit geschwächt.

Es erscheint ja rätselhaft, dass der Fiaker nicht mehr so gesucht sein soll wie früher. Sind denn die Sitten einfacher geworden? Nein, komplizierter. Will man denn nicht mehr so schnell vom Fleck kommen? Ja, nur noch viel schneller. Treibt man weniger Aufwand als ehedem? Man treibt viel mehr, freilich ganz anderen. Statt zur »güldenen Waldschnepfe« fährt man auf einen Moment nach dem Semmering, oder nach Abbazia, oder nach Nizza, nach dem Nordkap. Der Fiaker hat seit der guten alten Backhendel- und Hausherrnzeit seine Kundschaft in den vier Jahreszeiten an die verschiedensten Weltrouten abgegeben. Zudem ist die Praterfahrt im letzten Jahrzehnt auch heruntergekommen, die Bürger dieser Stadt sind weidlich durcheinander gehetzt worden, die naive Prahlerei hat abgenommen, und ganz zuletzt haben sich die Gawliere dem neuen Radsport ergeben. In den westlichen Ländern aber kommt jetzt, als ob das alles noch nicht genug wäre, das Automobil, der Wagen ohne Pferde, herauf.

Wohl ist in diesen erschütternden Zeiten der Umwandlung die Stadt ungeheuer viel größer geworden. Aber was da an Menschen zufloss, war kein Gewinn für die Fuhrleute des konservativen alten Schlages. Das Wiener Fuhrwerk verlor allmählich viele seiner alten Gäste und bekam keine neuen. Und das wird unaufhaltsam weitergehen, ja sogar mit zunehmender Geschwindigkeit. Stadtbahn, elektrische Linien, das flink bösartige Zweirad, das sind die siegreich vordringenden Feinde. Es ist eine Frage, deren Entscheidung man von einem Tag auf den andern erwarten kann, dass ein für das Dreirad brauchbarer Petroleummotor oder elektrischer Akkumulator gefunden wird. Dann wird nicht einmal mehr die kleine Geschicklichkeit des Bicyclisten zum Vorwärtskommen erforderlich sein. Das Pferd wird aus der Stadt verschwinden, wie es von der Landstraße verschwunden ist. Das mag ja heute noch einer fernen Perspektive gleichen, und der Philister in der engen Gasse lacht vielleicht stumpfsinnig darüber. Weil er so lacht, weil er die Zeichen nicht versteht, darum geht er ja immer elendiglich zugrunde. Wagt heute wirklich noch jemand, der nicht die Rechtswohltat der Geistesarmut für sich anruft, an der Ausgestaltung der Verkehrsmittel zu zweifeln? Das sind nicht mehr Fragen von Jahrzehnten, sondern von Jahren, von Monaten. In Frankreich und England hat das Automobil seit etwa zwei Jahren einen verblüffenden Aufschwung genommen.

Man tut den armen Leuten vom Kutschbock nichts Gutes, wenn man sie darüber in Unwissenheit lässt. Sie haben auf für sie bessere Zeit nicht zu hoffen. Die neue Stadt vertilgt die Verkehrsmittel der alten. Das ist auch ein Gesetz, dessen Unkenntnis vor dem Ruin nicht schützt. Sie müssen trachten, sich zu retten, und das wird nur möglich sein, wenn das ohnehin Verlorene aufgegeben wird. Die vielleicht nur kurze Zeit bis zum Eintreffen der automatischen Fahrzeuge müsste durch eine zeitgemäße Umbildung der Vehikel erträglicher gemacht werden. Jetzt gibt es in Wien eigentlich drei Kategorien von Mietwagen für den Einzelverkehr: erstens elegante Fiaker mit Gummirädern und flinken Pferden; zweitens schlecht aussehende Fiaker mit müden Gäulen, deren Besitzer schon zu arm oder zu mutlos sind, um Neuanschaffungen zu machen; drittens kümmerliche Einspänner. Zwei Gattungen würden genügen: elegante und nützliche. Von der ersten brauchte man weniger, von der zweiten mehr als jetzt. Beide müssten verständliche, einfache Tarife haben, in denen man sich auch ohne Logarithmenbuch zurechtfände. Die Taxe würde in der ersten Kategorie sicher überschritten, in der zweiten sicher eingehalten werden. Und für das billigere Fuhrwerk genügte ein Pferd, aber ein gutes. Warum sollten die Besitzer von Fiakern und Comfortables sich nicht zu einer neuen Gesellschaft zusammentun, ihre Wagen erneuern, ihre Pferde durch bessere ersetzen, sich und dem Publikum zum Vorteil? Diese Einführung wäre vernünftig, darum wird sie vermutlich auch nicht gemacht werden. Das hiesige Fuhrwerk dürfte in seiner gegenwärtigen Art und Unart erhalten bleiben, bis es von einem stürmischen Fortschritt plötzlich zerbrochen und weggefegt wird. Es wird ja recht schade sein um die hübsche, schlanke Wiener Carrozzella*, die gerade jetzt durch die lautlosen Räder ihre letzte Verfeinerung erlangt hat. An solchen hellen Frühlingstagen muss man sie im Sonnenglanz hinstürmen sehen; das ist ein höchst anmutiger Anblick, wie die Pferde im Trab gewaltig ausgreifen, Lack und Geschirre blinken, und der Lenker sich den Wind um den schräg sitzenden Glanzhut sausen lässt. In den Museen der Zukunft wird man dem Wiener Fiaker einen schönen Platz geben, auch aus Liedern und Bildern der Zeit wird man erkennen, wie schnell bei uns diejenigen Leute fuhren, die nichts zu tun hatten.

Wir aber sehen jetzt nur den Niedergang, die Agonie des alten Fuhrwerks. Es ist merkwürdig durch die grimmige Angst, die zwecklosen Anstrengungen der Bedrohten, durch alle Energien, welche im Kampf ums Dasein ausgelöst werden. Ein Kutscher, der nicht vom Bock herunter will, sagt einem manchmal mehr vom Leben und der furchtbar schweren, aber unaufhaltsamen Entwicklung unseres Geschlechts als die Maler oder Poeten der neuen Richtungen. Der heilige Frühling treibt überall, oft dort am stärksten, wo am wenigsten Wimpelchen wehen. Der arme Kutscher, der sich an seinen Bock klammert wie im Sturm, indes die Pferde rasen und doch von der Maschine überholt werden, das ist auch kein übles Bild. Zwei Zeiten kämpfen miteinander. Der Ausgang ist nicht eine Sekunde lang zweifelhaft. Und alle Betrachtungen, die man darüber anstellen mag, sind ebenso trivial wie ewig.

Aus Neue Freie Presse, 17. April 1898

* *Gawliere:* wienerisch: Kavalier (ironisch)

* *Flörl:* wienerisches Diminutiv für im Text genannten Gulden, der eigentlich »Gulden Florin« hieß.

* *Lamm:* Gasthof »Zum goldenen Lamm« in der Praterstraße 7, erstmals 1653 erwähnt, nach Beschädigung im Zweiten Weltkrieg abgerissen.

* *Carrozzella:* italienisch: Droschke

Das Automobil
(1899)

Vor etwa sechs Jahren saßen einige Pariser und fremde Journalisten an einem Wirtshaustisch in der Nähe des Gymnase-Theaters und führten gute Gespräche. Da warf einer die Frage auf, wie wohl in fünfzig Jahren die Gegend um den Triumphbogen aussehen möchte. Einen Augenblick schwiegen alle und dachten sich ein Zukunftsbild aus. Dann sagte jemand: »Ich glaube, das Pferd wird von der Straße verschwunden sein.«

Es klang natürlich wie ein lustiges Paradoxon. Die Zukunft hat einen breiten Rücken. Alle unsere Träume können wir ihr aufladen. Das Fahrrad war seit kurzem erfolgreich im Straßengewühl aufgetaucht, und davon ging der Prophet vom Boulevard aus, als er den Untergang der Pferde weissagte. Aber war die Ankündigung wirklich so ungereimt, wie es zuerst schien? Was wäre in einer Zeit unmöglich, die der Welt die Eisenbahn, den Telegrafen, das Telefon und die Übertragung der Kraft durch Elektrizität beschert hat. Der Mensch, Seine Hoheit der Mensch, wird immer mehr durch Maschinen ersetzt; warum nicht auch das Pferd?

Von den fünfzig Jahren, von denen damals die Rede war, fehlen noch vierundvierzig; aber wer heute beim Triumphbogen stehen bleibt und die Avenue de la Grande Armée hinuntersieht, wird finden, dass die Vorhersagung rascher sich erfüllt, als man in jener philosophischen Tafelrunde ahnte. In der Avenue der großen Armee sieht man jetzt schon beinahe ebenso viele Fahrzeuge ohne Pferde als mit Pferden. Die Züge der Dampftrambahn eilen rechts und links die lange Zeile auf und ab, ein eigener Asphaltweg ist für die Radfahrer bereitet und zahllose Automobils rasen durch das Gittertor des Boulogner Wäldchens. Die schweren drei Gäule vor dem Omnibus, das lebensmüde Fiakerpferd machen in diesem viel moderneren Treiben den Eindruck einer schüchternen Verarmung. Die Kutscher sitzen gedemütigt auf dem Bock; sie müssen mit Resignation zusehen, wie sie fort und fort überholt werden, jetzt von einem Zweirad und jetzt von einem Dreirad und dann von einem klappernden, ungezogenen Wagen, der ein bisschen üblen Geruch hinter sich zurücklässt. Es ist beinahe dramatisch anzusehen, wie da die neue Zeit die alte überwältigt. Das geschieht ja immer, aber man sieht es nicht immer. Am besten noch auf dem Meere, wenn man mit dem Schraubendampfer an altertümlichen Segelschiffen vorbeikommt.

Es gehört nicht mehr viel Phantasie dazu, die weitere Entwicklung zu sehen. Die Maschine wirft alles vor sich nieder, wo sie einmal auftaucht. Sie hat eine Eigenschaft, welche der lebenden Kreatur abgeht. Sie kann nämlich innerhalb einer kurzen Frist verbessert werden, und das geschieht auch wirklich jeden Tag. Wenn man diesen unterhaltenden Gegensatz weiterspinnen will, vergleiche man beispielsweise, um wie viel die Maschinen seit hundert oder seit fünfzig Jahren vollkommener geworden sind und wie viel die Menschen in der gleichen Periode an guten Eigenschaften zugenommen haben. Aber bleiben wir, um nicht in bittere Betrachtungen hineinzugeraten, bei den Pferden. Was tut man nicht alles, um ihre Zucht zu heben. Es gibt Staatspreise für den schnellsten Renner, Reiter von Profession oder aus Begeisterung setzen ihre Knochen aufs Spiel, breite Schichten der Bevölkerung tragen ihre Ersparnisse zur Wettbude, und am Ende aller dieser Anstrengungen finden sich doch immer Einspänner, die langsam fahren. Wenn es hingegen einmal gelingt, eine Maschine zu veredeln, so ist es ganz ausgeschlossen, dass jemals wieder eine neue Maschine hergestellt werde, die hinter der erreichten Form zurückbleibt. Geflissentlich fabriziert niemand altes Eisen. Kurz, die Maschinen haben gleichsam die Neigung, besser zu werden, was sich mit ebensolcher Bestimmtheit von lebenden Wesen im Allgemeinen nicht behaupten lässt.

Merkwürdig ist, wie spät man zum Automobil kam, da die Verkehrstechnik sich so rasch entwickelte. Eigentlich sehen wir jetzt nur die Rückkehr zu einem Früheren. Das Automobil war viele Jahrzehnte hindurch ein vorhandener, aber ruhender Gedanke. Es war sozusagen unter die Schwelle des Kulturbewusstseins gesunken. Der Schienenweg war offenbar eine Erleichterung und ehemals eine Vervollkommnung der Automobilfahrt. Auf schönen, alten englischen Kupferstichen aus den Anfängen des Dampfzeitalters sieht man solche pferdlose Wagen, die sich auf der Landstraße selbständig fortbewegten. Die Zeichner dieser Verrücktheit lassen öfters eine satirische Absicht durchschimmern. So war ja auch das komische Zweirad des Herrn von Drais schon zu Beginn unseres Jahrhunderts wohlbekannt und geriet nachher in Vergessenheit, bis es durch das Glück verschiedener Erfinder von der einfachen Grundform zu seiner jetzigen praktischen Gestalt geführt wurde.

Die Entwicklung des Fahrrades mag viel dazu beigetragen haben, dass sich die Mechaniker mit Eifer dem Automobil zuwendeten. Es zeigte sich, wie groß das Bedürfnis nach neuen beweglicheren Verkehrsmitteln war. Man hatte auch gelernt, Fahrzeuge von bisher nicht gewöhnlicher Leichtigkeit aus Stahl und Kautschuk zu bauen, weil die geringe Menschenkraft sie sonst nicht hätte treiben können. Es musste nur noch ein im Verhältnis zum Wagen leichter Motor gefunden werden, dann konnte es mit der Emanzipation der Fahrmaschine vom eisernen Spurweg ernst werden. Diese Befreiung hielt man vor wenigen Jahren noch für ganz unmöglich, weil die Straßenlokomotiven durchaus unpraktisch waren. Ein solcher Dampfwagen war das schwerfälligste Ungetüm von der Welt, und die alten englischen Zeichner behielten Recht mit ihrem Spott. Aber die Erfinder ruhten nicht, bis sie anstelle des Dampfes andere Triebkräfte dienstbar gemacht hatten. Man verwendet jetzt elektrische Akkumulatoren und Benzinmotoren. Wahrscheinlich werden diese mechanischen Kunstwerke, die uns heute ungemein sinnreich vorkommen, in zehn oder zwanzig Jahren kindisch hilflos aussehen. Wir dürfen die Einfalt unserer Zeit haben und über diese Wunder staunen. Vom Akkumulator wollen wir nicht einmal reden, obwohl das offenbar der Kronprinz ist; man muss schon Respekt vor ihm haben, aber er regiert noch nicht. Es wird eine fabelhafte Zeit kommen, wenn der elektrische Akkumulator sein Reich antreten kann. Die Gewalt von Wind und Wellen in Kästchen verpackt und versendet. Nutzlos verrauschende, unerschöpfliche Naturkräfte eingefangen und den Menschen für Licht und Arbeit und Wohlfahrt zur Verfügung gestellt – welch ein Traum! Die Märchen nach unserem Herzen beginnen jetzt nicht mehr mit den Worten: »Es war einmal …«, sondern »Es wird einmal sein.«

Dass es in der Tat einmal sein wird, können nur die gänzlich Bornierten leugnen; denn viel davon ist bereits heute da. Man arbeitet schon gehörig mit dem Akkumulator. Der Besuch eines Elektrizitätswerkes ist dafür sehr lehrreich. Die neuesten Motorwagen zeigen eine höchst wichtige Verwendung des elektrischen Akkumulators, wie etwa: Kraftspeicher. In der Pariser Automobilausstellung sah ich vor einigen Wochen einen schmucken amerikanischen Wagen, der mit einem Kraftspeicher für zwei Stunden Fahrt versehen ist. Man denke, zwei Stunden! Nach einer solchen Fahrzeit muss man auch die besten Rosse ruhen lassen. Und in einer kürzeren Frist, als beispielsweise das Tränken der Pferde erfordert, kann der erschöpfte Akkumulator durch einen frischen ersetzt werden. Voraussetzung wäre nur, dass es in der Stadt oder auf den Landstraßen genug Stationen gäbe, wo die Auswechslung der gleich großen Kraftspeicher vor sich ginge. Wirtshäuser mit Elektrizität; statt des überlebten Stallknechtes käme ein Maschinist an den Wagen heran und versähe uns mit neuer Energie zur Weiterfahrt. Die Fachleute mögen über diese Idee nicht lachen, auch wenn sie jetzt noch etwas Ungereimtes haben sollte; im Grunde machen wir ihnen damit ein Kompliment, weil wir ihnen die Überwindung jeder Schwierigkeit zutrauen.

Der andere, jetzt gebräuchliche Motor, der mit Benzin, hat auch noch etwas Poetischeres an sich, obwohl er häufig übel duftet. Ist es nicht eigentümlich kühn und schön, die gebändigten Explosionen zum Vorwärtskommen zu benützen? Es ist das Prinzip der Gasmotoren, sinnreich auf die ortsveränderliche

Maschine übertragen. Die satirischen Zeichner haben zu früh gelacht. Wohl war es ein Ding der Unmöglichkeit, so viel Kohle und Wasser mitzuschleppen, als der Dampfwagen auf spurlosen Straßen brauchte. Aber das Problem war auch anders zu lösen. Die Triebkraft wurde einfach – aus der Luft gegriffen. Mit gewissen Gasen vermischt, wird die atmosphärische Luft explosivfähig. Es handelte sich also nur darum, die nötige Mischung fort und fort zu erzeugen und sie automatisch zu entzünden. Die Explosion erfolgt in einem eisernen Hohlraum, in dem ein Kolben aus und ein geht. Der Kolben überträgt den empfangenen Stoß auf eine Welle. Das Gas aber, das, mit der Luft in einem bestimmten Ausmaße vermischt, die Explosionskraft liefert, kann flüssig in einer Flasche mitgenommen werden. Es ist das leicht verdunstende Benzin. Wie der flüssige Kohlenwasserstoff zum Verdunsten gebracht wird, immer nur die erforderliche Menge, nie mehr und nie weniger; wie der Kolben im Viertakt sich bewegt, im ersten Takte die sprengkräftige Luft einziehen macht, im zweiten Takte sie zusammendrückt, im dritten sich durch die Explosion hinausschleudern lässt und im vierten zurückkehrend die Verbrennungsprodukte aus dem Zylinder hinauspufft – dies und manches andere wäre von der Maschine zu erzählen. Nur würden wir damit den nicht wissbegierigen Leuten zu viel und denen, die etwas wissen, uns also überlegen sind, zu wenig sagen. Es genügt, dass wir die neu erstandene Herrlichkeit grüßen und ihre Poesie zeigen. Denn die Beendigung der Explosion gehört doch wohl zu den prachtvollen Dingen. Was ist gegen diese Zähmung die von wilden Rossen? »La plus noble conquête de l'homme« nannte man das Pferd. Die Nutzbarkeit der Explosionen ist vielleicht keine geringere Eroberung.

Und wohin werden wir mit den neuen Fahrzeugen gelangen? Alles wäre doch nur ein Spiel und Sport, wenn sich die Wirkungen auf die Zustände der Menschen nicht nachweisen oder wenigstens vermuten ließen. Nun, die letzten siebzig, achtzig Jahre haben gezeigt, was neue Verkehrsmittel bedeuten. In Jahrhunderten ist früher nicht so viel vorgegangen, wie seit

George Stephenson in Jahrzehnten. Die Eisenbahnwelt wurde erschaffen. Krieg und Frieden, im Frieden Erzeugung und Verbrauch, Handel und Wandel nahmen unerwartete Formen an. Es ist eine andere Welt, in der uns freilich alles selbstverständlich vorkommt, als wäre es immer so gewesen und müsse immer so bleiben. Niemand zweifelt an der geraden Entwicklung des Eisenbahnwesens. Man wird gewiss mehr und mehr Haupt- und Nebenlinien bauen, die Netze werden dichter sein, die Züge schneller fahren, die Waggons behaglicher werden. Aber wie, wenn es anders käme? Eine neue Form der Beförderung von Menschen und Gütern taucht auf, und das kann hunderttausend verblüffende Konsequenzen haben, zunächst für die bisherigen Verkehrseinrichtungen, später für alles Leben, das unmittelbar und mittelbar berührt wird. Die Lokomotive wird sich plötzlich verteidigen müssen, sie, die in unaufhaltsamen Siegen über Flüsse, Berg und Tal vordrang, alle alten Verkehrsmittel schlug und höchstens vom Luftschiff als von einem sehr fernen, noch nicht ernst zu nehmenden Feinde bedroht war. Welche Gestalt wird dieser Titanenkampf zwischen Lokomotive und Automobil annehmen? Wird sich das Bahnnetz rasch verdichten, um die Motorwagen entbehrlich zu machen? Oder wird der weitere Ausbau von Linien, die keine Ergiebigkeit mehr versprechen, unterbleiben? Wird der Eisenbahnkörper zunehmen oder verschrumpfen? Welche Krisen, Verwicklungen, Aufschwünge und Zusammenbrüche können sich dadurch ergeben, und was wäre daraus für ein gewaltiger Zukunftsroman zu schreiben: das Ende des Stephenson'schen Zeitalters!

Aber die Zukunft verträgt neben der tragischen auch eine komische Behandlung, und diese ist sogar oft die beliebtere. So können wir uns im Stile der englischen Zerrzeichner einen schnurrigen Zukunftsroman vorscherzen. Ein Erfinder hat der Welt einen vollkommenen Motorwagen geschenkt, ohne Patent zu nehmen. (Das geschieht in der Wirklichkeit selten, aber wir befinden uns schon mitten im Roman.) Der Erfinder, wir wollen ihn der Kürze halber John nennen, hat dies aus verschmähter Liebe getan (denn in allen Zukunftsromanen wird mit den seltensten Gefühlen gearbeitet). John liebte die Tochter des Eisenbahnkönigs Spine, wurde aber von der stolzen Prinzessin abgewiesen. Um sein Mütchen an dem ganzen Baltimorer Trust zu kühlen, an dessen Spitze Mr. Spine stand, erfand John ein Automobil, welches auf holprigen Landstraßen schneller lief als der Zug von Gouda nach Rotterdam, in einem niedlichen Akkumulator für vierundzwanzig Fahrstunden Kraft enthielt, von einem dreijährigen Kinde (aber auch von Erwachsenen) gelenkt und jeden Augenblick zum Stillstande gebracht werden konnte. Da John seine Erfindung in mehreren größeren Blättern gleichzeitig veröffentlichte (nur der »Yellow Chronicle« hatte dank einem Ehrenwortbruche eine halbe Stunde Vorsprung, in der eine Million Exemplare abgesetzt wurden), so war das neue Fahrzeug sofort Gemeingut. Es bildeten sich unverzüglich fünfunddreißig Aktiengesellschaften zur Ausbeutung der Idee mit 1700 Millionen Kapital. Bevor noch eine Schraube gedreht war, verdienten die Verwaltungsräte die Hälfte des Geldes und dreiundsechzig Jahre Zuchthaus, wovon jedoch nur einundzwanzig Jahre zur Verteilung kamen. Da Mr. Spine irrtümlich angenommen hatte, dass sie alles Geld wegtragen und keine Motorwagen bauen würden, traf er keine Vorbereitungen, sehr bald aber kamen die John'schen Wagen heraus. Durch den Wettbewerb der 35 Gesellschaften waren sie gleich billig. Sie konnten auch ausgeliehen werden wie Fahrräder. Es bildeten sich unzählige Industrien aus, eine ganze Automobilwelt. Aber die Eisenbahnen verödeten. Die Lokomotiven schleppten leere Züge von Station zu Station. Der Fahrplan wurde nicht mehr eingehalten, weil keine Passagiere kamen. Die Eisenbahndirektoren verarmten und lauerten an der Spitze kleiner Banden von entlassenen Kondukteuren den Motorwagen auf, um diese zu zerstören. Ebenso schlimm waren die Trambahn- und Omnibusgesellschaften daran. Überall sah man nur Automobile. Ein amerikanischer Gelehrter, der sein Doktorat von einer europäischen Universität im telegrafischen Wege erlangt hatte, nannte diesen krisenhaften Zustand ein »Bellum omnium contra omnibus«. Das Ende war die Auflösung aller bisherigen Fahrgesellschaften.

Nun folgt die Schilderung der neuen Zustände. Man wohnt nicht mehr in engen Straßen und hohen Häusern beisammen. Nach den Geschäftsstunden halten sich nur Nachtwächter und die zu deren Erhaltung dienenden Diebe in der Stadt auf. Jeder Automobilist hat sein Häuschen in der Ferne, umgeben von einem Gärtchen. Auf den Landstraßen herrscht das angenehmste Leben; in jedem Wirtshause gibt es Maschinisten und Chirurgen, sodass man den Zusammenstößen mit ungeschickten Fahrern gefasst ins Auge blicken kann.

Durch die neue Lebensweise wird aber ein Menschenschlag gezüchtet, welcher die Intelligenz der Bauern mit der Kraft der Städter verbindet. Alle Leute werden gesünder und dadurch auch besser … Von hier aus geht dann die Sache als eine gewöhnliche Utopie weiter und endet, um den Verfasser vor einem Nachfragesturm der weiblichen Leser zu bewahren, mit der glücklichen Verlobung Johns mit Miss Spine.

Die Zukunft ist leicht zu karikieren, ihre noch wallenden Formen können in jede Gestalt gebracht werden, am schnellsten in eine komische. Mit solchen Zerrbildern, wie das hier eingeschaltete, werden gewöhnlich neue Gedanken und Erfindungen begrüßt. Sie schaden dem Neuen nicht, sondern tragen es hinaus, weiter, als der Ernst es trüge. Das Spaßigste aber ist, wenn die Zukunft eintritt und sehr dem einst entworfenen Zerrbild ähnelt; nur sieht es dann nicht mehr närrisch aus, wohl aber ist das Alte lächerlich geworden.

Aus Neue Freie Presse, 6. August 1899

Das lenkbare Luftschiff
(1896)

In einer Dämmerung unter Bäumen saß eine gute Gesellschaft von Frauen und Männern. Die Frauen waren von der edlen Art, was man am ganzen Zug des Gespräches erkannte, das doch nur die Männer führten. Es wurden keine niederen Späße gemacht, wie frei man auch über manches redete, und keiner dachte an Klatsch oder geringe Tagesneuigkeiten. Für den Ton in einer Gesellschaft sind immer die Frauen verantwortlich, weil die Männer ihnen alles an den Augen absehen, das Hohe wie das Gemeine. In dieser Gesellschaft nun wagte man es zuweilen, laut zu phantasieren und moderne Märchen zu erzählen, die in einer andern Umgebung lächerlich geklungen hätten.

Einer, der eben von Paris zurückgekehrt war, berichtete über gesehene Dinge. Er sprach von den neuen Moden, aber nicht wie ein Schneider, sondern bemühte sich, die Herkunft und den Sinn der Erscheinungen aufzuklären. Vom Fahrrad ging er aus, und wie es das Straßenbild verändere. Wer hätte vor wenigen Jahren gedacht, welche Umwälzungen diese Spielerei hervorrufen würde. Nun tauchen die Wagen ohne Pferde auf. Was werden diese bringen? Jede Verkehrserneuerung kann gewaltige und unerwartete Folgen haben. Sonderbar äußert sich das im Leben der Massen, in ihrer Wohlfahrt und Sittlichkeit. Es entstehen neue Krankheiten oder der Menschenschlag wird gesünder. Die Bedingungen des Daseins ändern sich gegenwärtig rascher als in irgendeiner Zeit der Geschichte.

Hierüber sprachen sie eine Weile. Da sagte der Doktor ironisch: »Es wundert mich, dass noch niemand das lenkbare Luftschiff erwähnt hat.«

»Wir haben alle daran gedacht«, erwiderte der Maler Robert ruhig.

»Jawohl«, meinte der Pariser, »denn die Erfindung wird doch früher oder später gemacht werden. Vielleicht lebt der Mann schon, der dem menschlichen Geschlechte diese größte aller Überraschungen bereiten soll. Wie dann die Welt aussehen wird, möchte ich erraten.«

»Und ich«, sagte leise eine der Frauen, »möchte mir den Mann vorstellen, der das findet: ein Held, ein Halbgott!«

»Ich glaube eher«, lachte der Doktor, »dass er eine närrische Figur sein wird, ein schrullenhafter, ungeschickter, armer Teufel. Das Geheimnis dürfte er sich stehlen lassen, andere werden sich daran bereichern, und er bekommt nichts als ein Denkmal – nach dem Tode. Sein Leben aber wird man ihm vermutlich gehörig verbittern. Und mit Recht! Es wird eine ganz einfache, nahe liegende Entdeckung sein. Warum sind wir alle daran vorbeigegangen? Welche Beleidigung für uns. Ich glaube, wenn ich vernähme, dass einer meiner Bekannten das lenkbare Luftschiff erfunden hat, ich würde ihn ohrfeigen. Warum er, warum nicht ich?«

Da hörte man die tiefe Stimme des Malers Robert: »Das lenkbare Luftschiff ist schon erfunden worden, und ich kenne den Mann.«

Es war schon so dunkel, dass man die Züge des Sprechers nicht deutlich sah. Er liebte die Dämmerung von Geschichten zwischen Scherz und Ernst, das wussten die Frauen, und sie baten: »Erzählen Sie es uns!«

Und der Maler Robert erzählte:

»Er hieß Josef Müller. Das ist kein großartiger Name, aber er hatte ihn von seinem Vater. Ältere Bewohner der Laudongasse im achten Bezirke werden sich noch des Vaters erinnern, der in einem kleinen Gewölbe nahe der Kochgasse alte Schuhe flickte und dabei heiter dreinsah, wie irgendein griechischer Philosoph. Ich gebe absichtlich Namen und Wohnort so genau an, damit Sie diese Geschichte nicht für eine gänzlich aus der Luft gegriffene halten. Doktor, erkundigen Sie sich in der Laudongasse, ob dort nicht ein Schuhmacher Müller gelebt habe.

Josef Müller kam zu einem Mechaniker in die Lehre, wurde

mit der Zeit Gehilfe und eines Tages erfand er das lenkbare Luftschiff. Es scheint, dass er das Prinzip durch beharrliches Nachdenken entdeckte. Ich verstehe nicht viel von der Physik, meine Erklärung wird daher einiges zu wünschen übrig lassen.

Ich weiß nur so viel, dass Josef Müller von einem Apfel ausging. Er hatte bemerkt, dass ein Apfel sich in der Luft wesentlich anders benehme als zum Beispiel der Erdball. Ein Apfel muss auf den Tisch gelegt werden, wenn er nicht zu Boden fallen soll. Die Erde hingegen schwebt ganz frei im Weltraum. Die Bewegung ersetzt also die Stützen, und ein Körper kann sich beliebig lang in der Luft halten, wenn seine Bewegung und Drehung in einem gewissen Verhältnisse zu seinem Gewichte ist. Josef Müller rechnete dieses Verhältnis aus, und er fand auch die zur fortwährenden Erzeugung der Bewegung nötige Kraft in Sprengstoffen, deren Namen mir in diesem Augenblicke nicht einfallen. Er hatte nämlich in seinen freien Stunden Chemie studiert, weil er schon lange vermutete, dass die Bewegung in der Luft nur durch eine ununterbrochene Reihe kleiner, sozusagen gebändigter Explosionen bewirkt werden könne. Wie er die Kraft der Explosionen übertrug, wie er die Sprenggase, bevor er sie entweichen ließ, zu Drehung und Lenkung des ganzen Fahrzeuges verwendete, das will ich Ihnen nicht auseinandersetzen. Es würde die Damen ermüden. Ich will ja auch gar nicht das Luftschiff schildern, sondern das eigentümliche Schicksal des Erfinders.

Vierzehn Jahre hatte Josef Müller nachgedacht, studiert, gerechnet und versucht. Dabei versäumte er das Handwerk nicht und war seinem Meister ein fleißiger Arbeiter. Nur zu Unterhaltungen und Liebschaften nahm er sich nicht Zeit. Erst in seinem fünfunddreißigsten Jahre, in dem er auch die Entdeckung machte, lernte er in der Nachbarschaft eine schnippische Jungfer kennen, die es ihm antat. Im Übrigen war er ein vernünftiger Mensch. Das zeigte sich am besten an der Art, wie er selbst später von seiner Erfindung sprach. Er wollte sie rein zufällig gemacht haben, es wäre eigentlich gar nicht sein Verdienst, er sei nur im Herumtappen darauf gestoßen. Freilich, der Augenblick, in dem er erkannte, dass er das Flugproblem gelöst habe, bedeutete für ihn eine große Erschütterung. Er brach in Tränen aus und schluchzte lange in der Einsamkeit seiner armen Stube. Es war vorläufig nur das einfache Prinzip, das er hatte, gleichsam die Melodie; aber er wusste auch sofort die ganze Instrumentierung, er ahnte die herrliche Aufführung und den Rausch, den Jubel der Menge voraus.

Dann sammelte er sich und arbeitete seine Entwürfe im Einzelnen aus. Es war wieder eine lange Mühe. Als er die Zeichnungen, Berechnungen und Kostenüberschläge fertig hatte, trat er damit vor seinen Meister hin. Er wollte, dass der Meister sich mit anderen Meistern zusammentue, und dass diese Vereinigung, verstärkt durch eine Anzahl gelehrter Techniker, einen öffentlichen Aufruf zur Beschaffung der Kosten erlasse. Denn es war ein großer Betrag erforderlich, ungefähr zwei Millionen Gulden. Es musste nämlich eine eigene Fabrik zur Herstellung der einzelnen Bestandteile gebaut werden. Ferner waren besondere Laboratorien für die Erzeugung der Sprengstoffe nötig. Kurz und gut, zwei Millionen, anders ging es nicht.

Der Meister lachte ihm ins Gesicht: Er möge sich diese Narrheit aus dem Kopfe schlagen, das sei eine vollkommen verrückte Geschichte, auf die kein denkender Mensch jemals eingehen werde. Josef Müller schlich beschämt von dannen, war aber von seiner Erfindung durchaus nicht abgebracht. Er sagte sich nur, dass er auf das Wohlwollen und die Hilfe anderer nicht rechnen dürfe. Und mit seiner eisernen Beharrlichkeit begann er nun nach praktischen Auskunftsmitteln zu suchen.

Indessen war es in der Werkstatt ruchbar geworden, dass Josef Müller übergeschnappt sei. Die anderen Arbeiter fingen an, ihn mit dem lenkbaren Luftschiff zu hänseln, und er lachte gutmütig mit über die derben Dummheiten. Es gab unter den Gesellen einen Spaßmacher, den Hanswurst, der sich überall findet, wo ein paar Menschen beisammen sind. Dieser trieb es besonders arg. Josef Müller ließ das eine Zeitlang ruhig über sich ergehen. Einmal verhöhnte ihn aber der Hanswurst auch vor der schnippischen Jungfer, und sie lachte dazu sehr laut, sodass es dem armen Erfinder ordentlich ins Herz schnitt. Sie fügte sogar einige Bosheiten aus Eigenem hinzu; doch machte Josef Müller in seinem Innern auch dafür den Hanswurst verantwortlich, weil er die strohgelbe Jungfer noch liebte und sich ihre Herzlosigkeit nicht eingestehen wollte. Als nun der Spaßmacher am andern Morgen wieder mit seinen Albernheiten kam, verabreichte Müller ihm eine solche Tracht Prügel, dass ihm die Schwarten knackten. Man trug den windigen Kerl für leblos hinaus auf den Hof, wo er sich übrigens bald erholte. Josef Müller ging hierauf beruhigt an seine Arbeit, umgeben von einer gewissen Achtung der Genossen. Ein paar Stunden später rief ihn der Meister ab; es waren zwei fremde Herren da, die vom lenkbaren Luftschiff gehört hatten und mit ihm reden wollten. Bereitwillig und feurig setzte Josef Müller ihnen alles auseinander. Die Sache gefiel ihnen sichtlich, und sie baten ihn, sie zu begleiten. Er stieg in ihren Wagen, und sie fuhren mit ihm nach dem Irrenhause.

Es gab dort noch andere Erfinder von lenkbaren Luftschiffen, und Josef Müller befreundete sich mit ihnen herzlich und überlegen. Er hörte ihre krausen Reden geduldig an. Seinen eigenen Fehler hatte er rasch eingesehen: Ein Erfinder wie er durfte keine heftigen Aufwallungen haben; denn wer etwas Großes plant, dem nehmen die Menschen alles übel. Wegen einer derartigen Prügelei wäre ein anderer Geselle sicher nicht in den Narrenturm gekommen. Zum Glück hatte Josef Müller eine bedeutende Heiterkeit in seinem Gemüte. Er trug das Schicksal gelassen. Gern fütterte er im schönen Irrengarten die Vögel, lauschte ihrem Gesang der frühen Sommerszeit und beobachtete ihre Art zu fliegen, wobei er auf einige Verbesserungen seiner Maschine geriet. Den Ärzten wusste er freilich allmählich die Meinung beizubringen, dass er genesen sei. Und so entließ man ihn denn nach mehreren Monaten als geheilt.

Josef Müller war nicht dumm, obwohl er ein Genie war. Er hatte den Sinn für das Wirkliche und sah mit lichten Augen in die Bedürfnisse des gewöhnlichen Lebens hinein. Er sagte sich, dass er seine Einbildungskraft nur herunterzuschrauben brauche, um ein so genanntes nützliches Mitglied der menschlichen Gesellschaft zu werden. Er ging zu einem Elektriker und verbesserte diesem binnen kurzer Zeit mehrere Apparate, sodass ihn der eiligst zum Geschäftsteilhaber machte, um sich ihn zu erhalten. Vom lenkbaren Luftschiff war nicht mehr die Rede. Wohl aber schuf er einen neuen Korkzieher, einen Hosenstrecker, eine Wäscherolle, ein Sparbügeleisen für Schneider, kurz, Erfindungen, durch die man sich die bürgerliche Achtung erwirbt. Sie trugen ihm sonst nicht viel ein, weil er sie nicht in allen Ländern patentieren ließ. Auch diesen letzten Rest von Idealismus streifte er ab, als er die selbsttätige Bremse für Eisenbahnen konstruiert hatte. Er verkaufte die Bremsenidee für fünfzigtausend Gulden an einen Unternehmer, der daran reich wurde. Als jene schnippische Jungfer davon hörte, bettelte sie sich mit ihrer Liebe und Bewunderung an ihn heran. Er gab ihr einiges Geld und bat sie, ihn nicht weiter zu behelligen. Er wurde immer praktischer und geehrter. Jetzt erfand er einen unzerreißbaren Gummischlauch für Fahrräder und verdiente damit seine erste Million. Eine neue Gasglühlampe brachte ihm zwei Millionen und den Weltruhm. Endlich errichtete er eine große Maschinenfabrik, aus der die gewaltigsten Lokomotiven hervorgingen.

Als Josef Müller so weit war, übergab er alle seine Unternehmungen den Geschäftsführern und reiste ab. Er hatte sich eine stolze Yacht bauen lassen, welche er »Ägäon« nannte. Bei mir bestellte er die Wandfüllungen für Speisezimmer und Salon. Damals lernte ich ihn kennen. Er war ein heiterer Mann, der die Menschen verachtete und sich sein Glück eigenmächtig herstellte. Auf der schönen »Ägäon« fuhr er häufig von Triest nach einer der südlichen Kykladen. Was er dort zu tun hatte, wusste niemand. Auch seinen Vertrauten sagte er nur, dass er auf jener Insel eine Fabrik einrichte. Wären mir seine früheren Schicksale schon bekannt gewesen, so hätte ich vielleicht vermutet, was er insgeheim schaffe. Ich erfuhr es erst, als er mich mit noch zwei anderen Herren zu einer Frühlingsfahrt auf der »Ägäon« einlud. Unterwegs erzählte er uns seine Geschichte. Er habe ein glücklicher Erfinder sein wollen, nicht einer der Märtyrer des Fortschrittes, die man ihr Leben lang quält, und darum sei er den praktischen Weg gegangen, vom Korkzieher bis zur Lokomotive.

Nachts langten wir vor der Insel an. Auf der Höhe des Felsens bemerkten wir die Umrisse von Gebäuden, und aus mehreren glänzte elektrisches Licht. Josef Müller bat uns, zur Ruhe zu gehen; er selbst fuhr im Boot an Land. Wir drei plauderten aber noch ein Stündchen auf dem Verdeck. Plötzlich, gleichzeitig, stießen wir alle drei einen Schrei aus. Die dunkle Vordermauer des einen Gebäudes dort oben war gesunken, eine Lichtflut sprang auf das Meer hinaus, und durch die weite Öffnung stob, rauschte, sauste etwas Großes mit glühenden Augen ins Freie. Es war schon in der Nacht verschwunden, ehe wir zur Besinnung kamen und erschüttert ausriefen:

»Das Luftschiff!«

Nach aufgeregten Stunden, in denen wir vergeblich auf die Rückkehr des Vogels warteten, überwältigte uns die Müdigkeit. Wir schliefen ein, wo wir saßen. Im ersten Sonnenschein weckte uns Josef Müller lächelnd auf:

»Sie haben meine ›Halkyone‹ schon gesehen? Ich war mit ihr heute Nacht über Konstantinopel und Zypern. Ich will sie Ihnen jetzt bei Tage zeigen.«

Er führte uns den Berg hinauf. In dem Gebäude, das dicht am steilen Abhange des Felsens lag und einem Bootshause ähnelte, ruhte die »Halkyone« auf eisernen Schienen. Ihre Form war etwa die einer Libelle, ihre harten Bestandteile waren aus Aluminium, die weichen aus hundertblättriger weißer Seide. Josef Müller bestieg das wundersame Fahrzeug und wendete sich mit einer fragenden Gebärde an uns. Wir folgten ihm. Mir schlug das Herz heftig. Zwei griechische Jünglinge, denen diese Lustreise schon vertraut war, schnallten uns an den Sitzen fest und schwangen sich dann behände hinten auf. Der Herr gab ein Zeichen, und wir glitten hinaus, hinauf. Ich hatte zuerst eine rechte Angst, aber dann wurde mir hoch und frei zumute. Wir saßen hinter dem keilförmigen Windschirm aus Bergkristall und empfanden kein Unbehagen, wie jäh wir auch dahinrasten. Aber zuweilen schwebten wir regungslos oder kreisten in einer weiten Spirale abwärts, wobei die schimmernden Flügel der »Halkyone« denen des Adlers glichen. Waren wir dann schon dem Meeresspiegel nahe, so genügte der Druck auf einen Taster, um uns wieder schräg in die Höhe zu treiben. Einer der Griechen besaß ein goldenes Saitenspiel und jauchzte dazu alte Strophen. Ich nahm ihm die Harfe aus der Hand, um das Frühlingslied aus der »Walküre« zu singen. Wir alle sangen, wir konnten nicht sprechen. Nur der Herr der »Halkyone« blieb schweigsam und ernst, indes er uns durch die Lüfte steuerte.

Zwei Tage verbrachten wir so über allen Küsten des mittelländischen Meeres. Josef Müller hatte auf mehreren Berggipfeln Halteplätze eingerichtet, wo unser Fahrzeug mit Chemikalien gespeist wurde. Wir lernten in dieser halkyonischen Zeit eine Welt von oben kennen.

Am dritten Tage mussten wir uns wieder auf der »Ägäon« einschiffen. Erstaunt bemerkten wir, dass die »Halkyone« mit einer Kette an unsere Yacht gehangt wurde, und wir schleppten sie wie eine Leiche hinter uns her. Keiner von uns wagte, den Schiffsherrn zu fragen, was das bedeuten solle. Er sah eigentümlich unnahbar aus. Auf hoher See befahl er, die Kette zu lösen. Das schwimmende Luftschiff war mit dem »Ägäon« nur durch eine dünne elektrische Schnur verbunden, die sich von der Spule endlos abwand. Schon waren wir fern von der zierlichen Luftseglerin. Was dort auf den Wellen tanzte, war anzusehen wie eine tote Möwe. Jetzt kam Josef Müller zu uns und sprach:

»Hier verlasse ich die ›Halkyone‹. Ich habe mir Wort gehalten, das war die Hauptsache, und einige Freunde, die ich schätze, wissen es. Für die Menschen im Allgemeinen will ich nichts tun; denn sie haben mich gequält, als ich arm und schwach war, und sie haben mir durch ihre Erbärmlichkeit Ekel eingeflößt, als ich erstarkte. Für die sind Korkzieher, Sparbügeleisen und Gasglühlampen genug. Die Menschen sind nicht wert, zu fliegen. Für das, was sie sind, ist kriechen noch lange gut.«

Er drückte lächelnd auf einen Knopf. Ein Knall erdröhnte; wo die »Halkyone« gelegen, schäumte das Wasser hoch auf, und bis zu uns flogen kleine Fetzen von der blütenweißen Seide ihrer Flügel. Und unsere Herzen waren bekümmert, als wir weiterzogen, dahin über das weinfarbene Meer … «

Der Maler Robert schwieg. Sie ließen seine Erzählung lange auszittern.

Endlich rief der Doktor:

»Ihr Josef Müller war wirklich gar nicht dumm. Man hätte ihm seine ›Halkyone‹ sicherlich verdorben. Zunächst wäre sie für Kriegszwecke missbraucht worden, dann hätte sie das Wohlbefinden einiger Machthaber und Geldprotze weiter erhöhen müssen, unter gleichzeitiger Verbreitung von neuen Formen des Elends.«

»Sie sind mir zu sozialistisch, lieber Freund«, entgegnete der Pariser; »Josef Müller war im Unrecht, und vor allem hat er die Tragweite seiner Erfindung nicht verstanden. Er durfte nicht an die Menschen seiner Zeit denken und am wenigsten an die Armseligen seiner nächsten Umgebung. Wer die Zukunft vorbereitet, muss über die Gegenwart hinwegblicken können. Die besseren Menschen werden kommen.«

Eine der Frauen aber wendete sich zum Erzähler, und ihre Stimme klang lieblich in den Abend hinein: »Zur Größe fehlt dem Helden Ihres Märchens nur eins: das Verzeihen.«

Aus Neue Freie Presse, 31. Mai 1896

Neue Nasen
(1903)

Die Wiener medizinische Schule hat in der letzten Zeit nicht nur durch die gelehrten Abhandlungen im niederösterreichischen Landtage Ruhm gewonnen. Während der Kampf um die Meerschweinchen mit aller Heftigkeit tobte, drang aus den Werkstätten unserer Wissenschaft noch eine andere Kunde in die hoch aufhorchende Welt. Nämlich die Kunde von den neuen Nasen. Es ist einem sympathischen Gelehrten unserer medizinischen Fakultät, dem Dr. Gersuny, gelungen, eine sehr wesentliche Korrektur am äußeren Menschen durchzuführen. Herr Dr. Gersuny ist imstande, Nasen zu verändern, wovon er selbstverständlich nur den löblichen Gebrauch macht, sie zu verschönern. Er streckt krumme Nasen gerade; er könnte auch gerade krumm biegen, wenn man es wünsche. Er kann aus kurzen Nasen lange herstellen, gleichwie er umgekehrt die übertriebenen Nasen auf ein vernünftiges Maß zu reduzieren fähig ist. Er kann dicke zarter gestalten und den allzu dünnen die verlangte Fülle verleihen. Kurz, man gebe ihm irgendeine alte Nase, und er macht daraus eine neue.

Selbst Leute, die den gelehrten Übungen mit einem gewissen Vorurteil oder Widerwillen gegenüberstehen, werden wohl nicht umhin können, hier einen entschiedenen Fortschritt der Wissenschaft zuzugeben. Was noch unseren Vätern als das kühnste der Märchen erschienen wäre, da ist es am hellen Tage wirklich geworden. Früher glaubte man, eine Nase sei etwas, das man durchs Leben tragen müsse, so wie man es in früher Jugend mitbekommen hatte. Welcher Irrtum. Dank den Arbeiten des Dr. Gersuny kann jeder seiner Nase und damit vielleicht auch seines Glückes Schmied werden. Unter allen Umständen hat man eine gewisse Bewegungsfreiheit auch mit der Nase erlangt, und wenn einer beispielsweise findet, dass seine Nase, die noch vor zehn Jahren seinen Überzeugungen vollkommen entsprach, nicht mehr recht in den Rahmen seiner jetzigen Verhältnisse passen will, so wird ihm Dr. Gersuny mit Vergnügen einen nach allen Richtungen hin befriedigenden Gesichtsvorsprung liefern. Das Atelier des Meisters wird in reicher Auswahl die bedeutendsten Nasen der Geschichte und Kunst enthalten, und der Patient wird, bevor er sich der Behandlung unterzieht, nach Modellen den Erker bestimmen, den er künftig über dem Munde zu tragen beabsichtigt. Allerdings werden dabei genug Fehler des Geschmacks unterlaufen, denn nicht jedes Antlitz eignet sich für heroische, aristokratische oder sentimentale Nasen, und doch wird die Mehrzahl der Auswechsler nach den allernobelsten Nasen greifen, die in einer sonst gemeinen Umgebung sich nicht günstig ausnehmen können und oft den Eindruck machen werden, als rümpften sie sich über das Milieu, in das sie sich verirrt hätten. Glücklicherweise lässt das neu entdeckte Verfahren auch noch spätere Möglichkeiten zu, und es ist nicht abzusehen, warum Dr. Gersuny sein eigenes Werk nicht noch einer nachträglichen Revision unterziehen sollte, da er die Erzeugnisse der Natur beliebig umzuformen vermag.

Eine weitgehende Individualisierung wird freilich nicht gut durchführbar sein, solange Meister Gersuny die oft so nötige Verschönerung seiner Nebenmenschen eigenhändig vollziehen muss. Der Andrang dürfte große Dimensionen annehmen. Wie viele Nasen gibt es, die keinen rechten Anklang finden können, und wie begreiflich ist der Wunsch Unzähliger, sich den Aufenthalt in der Gesellschaft oder den Verkehr mit dem anderen Geschlechte auf solche Art erfreulicher zu gestalten. Namentlich in den Jahren, wo man an das Heiraten und andere Torheiten denkt, legt man sowohl als Männlein wie als Weiblein auf die eigenen äußeren Vorzüge ein größeres Gewicht, als mit guter Vernunft gerechtfertigt werden kann. Das Glück in der Liebe ist bekanntlich nicht ohne Übelstände, die allerdings erst später zum Vorschein kommen. Hauptsächlich das Ende der Liebe ist bitter. Hässliche Menschen, insbesondere solche, deren Nase etwas zu wünschen übrig lässt, ahnen gar nicht, wie viel Unannehmlichkeiten sie sich mit den Liebesverwicklungen ersparen. Wenn es nun möglich ist, in den Besitz einer allgemein mit Beifall begrüßten Nase und damit – denn die Rolle der Nase in der Liebe ist groß – auch zur Eroberung des anderen Geschlechtes zu gelangen, so wird die Nachfrage bei Dr. Gersuny stürmisch werden. Hier eröffnet sich ein Ausblick, den ich nur kurz andeuten möchte. Wie mancher und wie manche wird es späterhin bereuen, hübsch geworden zu sein. Das Glück in der Liebe wird man nicht so leicht wieder los, und ein Schwärmer, der dank seiner verbesserten Nase nicht nur ans Ziel seiner Wünsche gelangte, sondern auch an diesem Ziele bleiben muss, wird vielleicht stöhnen: »O wär' ich doch damals nicht so hübsch gewesen! Sie hätte mich abgewiesen, und ich wäre heute der Glücklichste der Sterblichen!« Doch auch der Fall ist denkbar, dass ein Mädchen, das in seiner abscheulichen Nase den Schutz gegen alle Verführungen besaß, nunmehr, hübsch geworden, an der Tugend einen oft nicht wieder gutzumachenden Schaden erleidet. Es wird nachher freilich nicht an gescheiten alten Weibern fehlen, die das alles vorhergesehen haben und über der Zeiten Verderbnis jammern, wo die Mädchen andere Nasen haben wollen. Es wird sich vielleicht erst dann mit völliger Deutlichkeit herausstellen, wie viel die Tugend hienieden der Hässlichkeit verdankt; gleichwie es zum Beispiel unendlich viel zur Unbestechlichkeit mancher Ehrenmänner beiträgt, wenn man ihnen keine unrechtmäßigen, gewinnbringenden Anträge macht.

Um aber auf den Andrang der Nasenwechsler zurückzukommen, dieser Andrang wird durch seine Fülle Herrn Dr. Gersuny wenigstens in der ersten Zeit verhindern, sich in den einzelnen Fall künstlerisch zu vertiefen. Er und wohl auch seine Mitstrebenden und Nachahmer werden vermutlich zunächst nur Nasen liefern, wie man sie in der Regel verlangt. Die meisten Menschen halten es ja komischerweise für rühmlich oder wenigstens für klug, sich nach den Übrigen zu richten. Die Folge davon wird sein, dass wir Nasenmoden bekommen werden zu den

Haar- und Barttrachten, die schon jetzt üblich sind und von Zeit zu Zeit wechseln. Als durchgreifendes Merkmal aller Moden lässt sich wohl feststellen, dass sie vor und nach ihrer eigentlichen Geltungsdauer einen närrischen Eindruck machen. Solange sie jedoch regieren, unterwirft man sich ihnen erbärmlich. Mit den Nasen, da man sie fabrizieren kann, wird es nicht anders gehen. Die Nasen fürstlicher Personen, beliebter Künstler und Schauspieler dürften viel nachgeahmt werden. Dann wird man sie satt kriegen. Das Modell von diesem Frühling wird dem Schnitt vom nächsten Herbst weichen müssen. Nach einiger Zeit wird man einem also Verschönerten das Datum seiner Gefallsucht von der Nase ablesen können. In dreißig Jahren werden die kleinen Putzmacherinnen über den alten Gecken kichern, der noch immer auf dem Liebesweg einherstolpert, obwohl man ihm auf den ersten Blick ansieht, dass er sich seine Nase schon anno 1904 hat renovieren lassen; sie ist ganz im Flamboyantstil jener Tage gehalten.

Kaum zweifelhaft erscheint es, dass die Stilfrage, wenn einige strebsame Männer sich ihrer bemächtigen, zu einer ordentlichen Bewegung mit Schlachtrufen und dergleichen führen kann. Das wäre so recht ein Tummelplatz für die Heimatkunst. Jedem Gau seine Nase! Während wieder andere bei der Wahl der Nase nicht den örtlichen Zufall der Geburt, sondern nationalere Erwägungen werden wollen den Ausschlag geben lassen. Wie es immer sei, wir werden gewiss auch auf diesem Gebiete die alte Erscheinung wiedersehen, dass man die Nächsten und Fernsten zu irgendeiner Nasenform wird bekehren wollen, statt jeden nach seiner Façon sich schnäuzen zu lassen. Spät erst in der Entwicklung unseres Geschlechtes dürften wir dahin kommen, auch die Berechtigung und selbst die Schönheit von Gesichtsvorsprüngen zuzugeben, deren Bau sich von dem unseres eigenen Erkers unterscheidet.

Den Luxus einer gewissermaßen persönlichen Nase, einer Nase, die nicht auch noch in soundsoviel anderen Gesichtern steht, einer Nase ohne Vorbild und Kameradschaft, einer wahrhaft einsamen und darum edlen Nase – einen solchen Luxus wird man nicht leicht zu sehen bekommen. Zumeist werden es einförmige Wald- und Wiesennasen sein, wenn auch von tadelloser Gestalt, und sie werden an die Lackstiefel aus der Schuhfabrik erinnern, die nach Nummern angefertigt sind und keine Beziehung auf die wichtigsten Hühneraugen des Käufers haben. Und doch scheint das Gersuny'sche Verfahren erst dann den rechten Wert zu bekommen, wenn es zur Herstellung der Nase führt, die dem Menschen eigentlich angeboren war, die aber, wie so häufig im Leben, durch widrige Umstände in ihrer vollen Entwicklung behindert wurde. Da wird der Meister zunächst liebevoll in die Seele des Kandidaten einzudringen versuchen und erst nach tiefster Erforschung aller Umstände wissen, ob er eine kühne oder bescheidene, eine großmütige oder verkniffene Nase, die Nase eines Feinschmeckers oder Räubers oder Neidhammels, kurz, welche Nase er in dem besonderen Falle zu bauen hat, dass sie wie ein ehrliches Wahrzeichen aus dem Gesichte rage. Der Meister – immer mehr wächst er sich zum Zauberer einer Verwandlungsposse aus – wird aber erst dann auf die schroffe Höhe seiner Aufgabe gelangen, wenn er in unerbittlicher Aufrichtigkeit jedem nur die ihm gebührende Nase zurechtmacht. Er wird dann oft genug einem Triumphator die Nase eines gemeinen Knechtes zwischen die Backen stellen.

Vielleicht taucht die Frage auf, ob wandlungsfähige Politiker nicht auch gut tun werden, sich des neuen Nasalverfahrens zu bedienen, wenn sie in ein anderes Lager übergehen wollen. Ich möchte diese Frage schlichtweg verneinen. Niemand braucht die Nasenoperation weniger als ein wahrer Volksmann, denn er hat es nur mit der Menge zu tun, und die bemerkt gar nichts. Wir haben es häufig sehen können, dass gewandte Volksmänner ihren immer glänzenderen Weg durch sämtliche vorhandenen Lager machten, und sie haben dabei – wie es bei Fritz Reuter heißt – die Nase im Gesicht behalten. Überhaupt gelten ja im öffentlichen Leben die Formen immer weniger, wie sich an denen zeigt, die es gegenwärtig beherrschen.

Besser dürfte sich das neue Verfahren auf dem Gebiete der

Koketterie bewähren. Für die Frauen ist hier ein unerwartetes Eroberungsmittel gefunden worden. Aber haben sie das gebraucht? Waren wir ihnen nicht schon genügend untertan? Spielten sie auf uns nicht schon alle Lieder, die sie wollten? Es ist wahr, wir wurden manchmal untreu; aber doch nur der einen, durchaus nicht allen. Und wenn wir flattersüchtig werden wollten, hielt man uns gewöhnlich leicht zurück. Die wechselnde Frau war immer anders. Die Schneider und Putzmacherinnen, der färbende Haarkünstler, der Miederbildhauer wirkten mit. Und wenn die Franzosen, die sich darauf verstehen, aus einer reichen Erfahrung den Spruch schöpften: »Plus ça change, plus c'est la même chose!«, so bewiesen uns die Frauen und ihre Kleideshelfer, dass ein und dasselbe Weib sich endlos verwandeln könne. Bald war sie dick – oft zu dick – und bald mager – oft zu mager. Die Stöckel machten sie groß oder klein. Mit ihren Haaren war auch kein ewiger Bund zu flechten, denn sie waren keineswegs für immer braun, sie konnten mit Leichtigkeit goldrötlich oder tiefschwarz werden. Zähne? Sie hatten die Zähne, die sie wollten. Die Gesichtsfarbe bereitete ihnen selbstverständlich auch nicht die geringste Schwierigkeit. Nur die Nase, die dem Gesichte den unauslöschlichen Charakter gibt, ließ den angenehmen Traum, dass man doch wieder eine andere Frau vor sich habe, nicht aufkommen. Jetzt kann auch dem abgeholfen werden. Die Nase gefällt nicht mehr? Es ist ein Detail. Aus einer griechischen Nase lässt sich ein Stumpfnäschen machen und umgekehrt. Was braucht es mehr, um zärtliche Gefühle, um Träume hervorzurufen? Nur eines wird dann nicht mehr möglich sein: die Rückkehr zur früheren Liebe, denn zu den interessantesten Formen der Treulosigkeit gehört die Rückkehr. Die alte Liebe und ihr Näschen ist nicht mehr da. Es kommt in diesen zarten Dingen auf eine Linie an, und die wird sich nicht wiederfinden lassen, wenn das Näschen einmal den anderen Schwung erhalten hat.

Es ist schwer, heute schon alle Wirkungen zu überblicken, die das neue Verfahren im Verkehre der Menschen haben wird. Indessen darf man vermuten, dass die neuen Nasen vorwiegend eine Angelegenheit der eleganten Gesellschaft und allenfalls noch derjenigen bleiben werden, die um jeden Preis zu ihr gehören möchten. Hier treffen wir sogleich unsern alten Freund aus den *Fliegenden Blättern**, den Herrn Kommerzienrat Goldstein. Es ist natürlich nicht mehr Goldstein der Erste, welcher in der Kleinstaaterei blühte, als die *Fliegenden Blätter* zuerst hinausschwebten. Er ist nach meiner Schätzung der Enkel jenes vortrefflichen Mannes, dem die *Fliegenden* und andere Witzblätter so viel verdanken, dass sie seine Aussprüche in kurzen Zwischenräumen gerne wiederholen. Der Goldstein vom Tage ist allen Anfeindungen zum Trotze über seinen Ahnherrn hinausgewachsen. Er rät nicht mehr gewöhnliche Kommerzien, er rät jetzt häufig sogar schon geheime Kommerzien. Er fährt Automobil und besitzt eine Yacht, auf der er mit seinen Freunden seekrank werden kann. Den Eidam holt er sich mit Wonne aus dem Gotha'schen Kalender, wo die Schulden am tiefsten sind, und er fühlt sich beglückt, wenn man findet, dass seine Nachkommen nichts Jüdisches an sich haben. Er ist praktischer Antisemit. Und Ahnenbilder hat er in seinem Schlosse, Ahnenbilder, mit denen ihn keine fernste Ähnlichkeit verbindet. Es ist schwer, den Geheimen Kommerzienrat Goldstein von diesen Rittern, die in anderen Syndikaten den Vorübergehenden auflauerten, abstammen zu lassen. Bisher wenigstens war es schwer. Die Nase war in der Regel das unübersteigliche Hindernis, der Freudenstörer. Die neue Methode wirkt hier erlösend. Fortab wird es möglich sein, der Familie des Herrn Geheimen Kommerzienrates Goldstein zum Adelsstande auch noch Nasen zu verschaffen, welche vollkommen zu den angekauften Ahnenbildern passen. Freilich muss bezweifelt werden, dass es mit einmaliger Operation sein Bewenden haben könne. Für das Individuum wohl. Dr. Gersuny wird gewiss mit Meißel und Stemmeisen auch der hartnäckigsten Nasen Herr werden und im Notfalle auch vor der Anwendung von Dynamit nicht zurückschrecken. Für das Geschlecht ist aber auch die am Einzelnen geglückte Operation keine dauernde Hilfe. Eine mehrtausendjährige Erfahrung lehrt nämlich, dass eine Vererbung künstlich zugefügter Defekte nicht stattfindet, und es wird daher die Beschneidung der Nase bei jedem neu auf die Erde kommenden Goldstein vorgenommen werden müssen, bis zu dem Tage, wo man auch im Hause des Geheimen Kommerzienrates Goldstein erkennen wird, dass von allen Ahnen, die man haben kann, die eigenen immer noch die besten sind.

Aus Neue Freie Presse, 1. November 1903

* Die *Fliegenden Blätter* (mit der Assoziationsmöglichkeit zu »Flugblätter«) waren das älteste deutsche Satireblatt. Texte und Bilder waren gleichberechtigt. Es erschien von 1845 bis 1944 in München, spielte im Revolutionsjahr 1848 eine große Rolle und war ein Vorläufer des *Kladderadatsch* und des *Simplicissimus*.

Spielzeug von 1900
(1900)

Der gewöhnliche Tag kann uns manchmal überraschen, wenn plötzlich ein Licht auf Gegenstände fällt, die wir sonst im Schatten sehen. Die Post brachte unlängst ein kleines Buch, einen Warenkatalog. Sein Verfasser hat es gewiss ohne literarischen Anspruch verfertigt, und alles hat er sich eher träumen lassen, als dass man es zum Ausgange von allgemeinen Betrachtungen nehmen könne. Aber es ist ein merkwürdiges Werk. Man kann daraus ungemein viel Wichtiges herauslesen, vor allem das Datum unserer Tage. Es ist der Weihnachtskatalog eines Spielwarenhauses für das Jahr 1900.

Die feineren und schöneren Geister werden diese Mitteilung mit Ironie aufnehmen. Was kann in einem solchen Warenbüchel stehen? Nun, immerhin ein halbes Stündchen Traume und Gedanken. Es steht auch mehr von einer kuriosen Zeit – von der unsrigen – darin, als in mancher gepriesenen Dichtung. Und die Vermutung ist nicht abzuweisen, dass ein gescheiter Mensch vergangener oder künftiger Jahrhunderte, wenn man ihm die Wahl zwischen diesem Spielwarenkatalog und irgendeinem der jetzt hochbeliebten Romane ließe, den Roman mit Verachtung wegschieben und sich mit Andacht in den Katalog vertiefen würde. Das ist der Maßstab der Dinge. Was hätten sie einst gegolten, was würden sie dereinst gelten. So kann man sich viele Genüsse mitten im gewöhnlichen Tage schaffen. Unsere Sachen sind gleichzeitig neuer und älter, als sie aussehen, sie sind Wunder des Erfindungsgeistes und lächerliches Gerümpel – nur durch das spielende Verschieben der Zeit, aus der wir sie betrachten. Dem Eintagsfliegenverstande erscheint ein solches Beginnen sicherlich töricht. Was geht uns das Gestern und Morgen an? Die Freunde des Vergangenen verlacht man als Pedanten, die Freunde des Künftigen verhöhnt man als Utopisten.

Und was ist die Wahrheit? Die Praktischen sitzen wie beschränkte Angler am Ufer und hypnotisieren sich mit ihrem eigenen Köder. Die anderen blicken gern dahin, von wannen die Wellen kommen oder wohin sie fließen, bis an die flimmernde Grenze. Wer hat nun mehr vom Strome?

Dieser kleine Katalog enthält so viel, wenn man es wahrnehmen will. Schon seine Art ist etwas Erstaunliches. Früheren Menschen käme er als ein Märchending vor, denn er gewährt nicht nur den Blick über die Schätze eines großen Kaufhauses, sondern stellt auch einen Marktbesuch ohne Ortsveränderung vor. Das Kaufhaus kommt zu mir, in mein Zimmer. Ich durchwandere alle Abteilungen, ohne mich zu rühren. Man breitet alle Waren vor mir aus und sagt mir ihren Preis, ich brauche nur die Blätter umzuschlagen und die Bilder zu überfliegen. Buchdruck und Klischierkunst vertreten die Ladenschwengel von einst. Siehe, wir sind mitten in einer der großen Fragen dieser Gegenwart. Wie viel Unverstandenes ist darin. Hausierern wird der Eintritt verboten, und der Briefbote bringt ungehindert den Prospekt eines Versandgeschäftes. Es öffnen sich Ausblicke von wahrlich tragischer Bedeutung auf das Leben unseres Tages. Der Kleinhandel kracht in seinen Fugen, denn das Warenhaus hat sich mit Macht erhoben. Das große Magazin speit Verderben wie irgendeine fabelhafte Höllenmaschine. Der Wettbewerb jener alten Krämer, die einander auf der Messe oder im Gässchen die Kunden mit nachbarlichen Tücken wegfingen, war idyllischer Lanzenkrieg im Vergleiche zu diesen rauchlosen Tausendmordsalven. Der arme, kleine, dumme, sterbende Krämer sieht seinen Gegner gar nicht und fällt. Im Einzelnen sind es nur kümmerliche Vorgänge auf sehr engem Schauplatz, aber ein Mensch ist auch dieser Kleinhändler, und für sein Gemüt ist der geschäftliche Zusammenbruch ein ebenso ungeheurer Schmerz wie der Thronverlust einem König. Erschütternd wie in einem Ahnendrama waltet über dem schuldlosen Krämer die Heimarmene*, und das ist ebenso tragisch wie komisch. Er seufzt verständnislos, die Geschäfte gingen schlecht. Nein, sie gehen gut, sie gehen täglich besser, weil der

Verkehr täglich wächst; nur gehen sie anders. Er kann ihnen nicht folgen.

Wie das Jahr sich wendet und wieder die Geschenkezeit kommt, hört man die Klagen, und sie werden immer dumpfer. Seit fünfhundert Jahren vielleicht werden Puppe und Hampelmann in dieser gleichen Gestalt erzeugt und verkauft. Alle Jahre waren neue Kinder da, die jauchzten, wenn man sie ihnen brachte. Die Kinder wurden Bürger und Frauen dieser Stadt, sie hatten Kinder und starben. Die Puppe und den Hampelmann reichten die Geschlechter einander über die Zeiten hinweg, und immer konnte der Spielkrämer leben. Gibt es denn plötzlich keine Kinder mehr, sind die Eltern so herzlos oder arm geworden? Das kann also nur eine vorübergehende Verfinsterung des Spielzeughandels sein. Der arme kleine Krämer wartet, wartet auf bessere Zeiten, in denen wieder die Käufer kommen werden. Er versteht nicht, dass die Käufer nicht kommen können, weil die Zeiten besser, das heißt verkehrsgewaltiger werden. Und man klärt ihn darüber nicht auf, dass ihm auf die alte Weise nicht zu helfen ist, weil die alte Weise stirbt. So mussten die Fuhrwerke auf der Landstraße untergehen, weil die Lokomotive unerbittlich heranbrauste. Die Zusammenrottung der wirtschaftlich bedrohten Menschen hilft dagegen nichts. Denn sie verarmen in beiden Fällen, unmittelbar oder mittelbar. Lassen sie die Lokomotive ins Land, so verarmen sie; halten sie die Lokomotive an der Grenze auf, so verarmt das Land. Aber wenn die Unwissenden zugrunde gehen, so schwingen sich die Wissenden auf. Ein Truism. Das Neue schadet nur denen, die es sich nicht nutzbar machen. Und so weiß heute jeder zivilisierte Mensch, dass dem Warenhause der Sieg über den Kleinhandel nicht mehr entrungen werden kann. Aus einem einfachen Grunde: Es ist ökonomisch richtig. Die Warenhäuser in Paris, London und Berlin sind ebenso viele Hochschulen, auf denen das gelehrt wird.

Deutschland mit seinem dichten Bahnnetz und seinen vielen mittleren Städten muss im Versandgeschäft eine besonders hohe Entwicklung haben. Ich bin zu ungelehrt, um darüber Genaues sagen zu können. Ich vermute nur, dass diese neue Handelsorganisation in Frankreich von Paris allein ausstrahlt, in Deutschland viele Knotenpunkte besitzt und in England einen großartigen kolonialen Zug hat. Amerika müsste man kennen, wie sie es dort halten. Schon weil Bellamy in keiner rosenroten Gesellschaft vom Jahre 2000 dem Warenhaus einen so großen Platz einräumt.

Aber wie weit sind wir hier von Amerika, und wie herzlich lacht man bei uns über Leute, die von neuen Dingen reden. Einstweilen hockt noch der Krämer in der Vorstadt auf seinen alternden Waren, wird immer verzweifelter und grimmiger im Gemüte, und wird ein Hasser des Fortschrittes, weil er ihn nicht versteht. Der Käufer zeigt sich seltener, weil er im kleinen Laden für schlechtere Waren mehr bezahlen muss als für gute im großen. Und je spärlicher die Kunden werden, umso mehr will, muss man am Einzelnen verdienen. Das Erschütterndste ist, dass eine so einfache, platte, geringe Wahrheit von den Betroffenen nicht einmal begriffen wird. Die wirtschaftliche Einsicht des Käufers in der Vorstadt ist allerdings auch nicht gar tief. Er ist auch misstrauisch gegen das Neue. Eine Unwissenheit schützt hier die andere. Aber es liegt in der Natur der Dinge, dass die Nebel um den Käufer früher reißen als die um den Verkäufer. Es dauert lange, bis der kleine Käufer den Weg ins Warenhaus findet, doch er findet ihn. Die gewaltigen Plakate auf der Straße locken ihn, die Anzeigen in den Blättern sind Verführer, die Trambahn verringert den Zeitverlust, welcher die letzte Rettung des Kleinhandels vorstellt. Und so vollzieht sich das Schicksal der alten Einrichtungen mit einer Geschwindigkeit, die wächst. Nur anfangs geht es furchtbar langsam. Der Konsumverein der merkwürdigen Pioniere von Rochdale wurde vor bald sechzig Jahren gegründet, und es gibt noch jetzt Länder und Städte, wo man den Konsumverein nicht versteht. Das ist ein ungemeiner Trost für die Vertreter neuer Ideen. Man darf es Menschen, die nicht einmal ihre täglichen Spezereiwaren ökonomisch richtig einzukaufen wissen, nicht übel nehmen, wenn sie halbhohe Wahrheiten, geschweige denn die höchsten, nicht fassen!

Und in diesem Jammer der allgemeinen Unwissenheit ist es eine derbkomische Note, dass man die ökonomischen Fragen als politische behandelt. Es erinnert an die Wunderheilkunst der alten Bäuerinnen, die eine kranke Kuh »besprechen«. Wir werden wohl in nahen Jahren aus der Agonie des Kleinhandels etwas entstehen sehen. Was? Jedenfalls wird es interessant sein. Vielleicht die Alleinherrschaft des Warenhauses auf kapitalistischer Grundlage. Vielleicht auch die Kooperation der Erzeugung mit einförmigen Verschleißstellen. Für Hans und Trine wird man im kleinen Kramladen, in der Spielwarentrafik dieselben Sachen zum selben Preise kriegen wie im Kaufhause. Freilich ist das dem dummen Hans und der dummen Trine vollkommen gleichgültig. Wenn sie nur ihre Zinnsoldaten und unglaublich schönäugigen Puppen haben. Ich glaube, das Kinderspielzeug gehört zu den unverstandensten Dingen. Es ist ganz und gar eingewickelt in die wolkigsten Träume, sodass man seine Umrisse nicht erkennen kann. Bis aber die Umrisse heraustauchen, sind die schönen Wolken fort, und diese waren wohl das Bezaubernde an dem Spielzeuge. Was war dem dummen Hans sein Policinello aus Gummi, und was der dummen Trine ihre erste Puppe? Gewiss menschliche Wesen, bevor Hans und Trine wussten, was Menschen sind. Ehe die Kinder reden konnten, hielten sie lallend und zwitschernd mit diesen Freunden Zwiesprache. Was haben die Kinder ihren Freunden, die sie für ihresgleichen hielten, erzählt und wohl auch von ihnen zu vernehmen geglaubt? Märchen voll Musik aus dem Paradiese vielleicht oder ein Staunen über die täglichen Erfahrungen in dieser unerwarteten Welt, in die man verstoßen wurde. Wir alle waren Hans und Trine, wir alle sind da durchgekommen, und keiner weiß mehr, wie es war. Welch ein wundersamer und närrischer Schmerz. Das waren die Wecker unserer farbigsten Illusionen, und wir behalten davon nicht einmal die Erinnerung. Aber gewaltig muss die Illusion gewesen sein, wenn solche Wecker genügten, um ein Glück ohnegleichen hervorzurufen. Nur eins im ganzen Leben hat damit Ähnlichkeit, auch solche unerklärbare Mischung von Spiel und Traum: die Liebe. Da tauschen Hans und Trine die Gegenstände ihrer Zärtlichkeit aus, er nimmt eine Puppe und sie einen Policinello. Und sie meinen, dass es nichts Herrlicheres gebe als ihr Spielzeug. Abermals führen sie Unterhaltungen, in denen die verlorene Musik des Paradieses erklingt. Der Philosoph sagt, dass diese erfreuliche Täuschung nur den Zweck habe, einen neuen Hans oder eine neue Trine vorzubereiten. So ergänzt die Erkenntnis der Liebe unsere Auffassung des Kinderspieles. Nicht der Gegenstand ist das Wichtige, sondern die Illusion. Wenn wir ein Spielzeug unserer Kindheit wiederfänden, würden wir lachen: Damit konnten wir die Stunden verbringen. Wenn wir eine Geliebte unserer Jugend wiedersähen, würden wir uns entsetzen: Dafür haben wir geschwärmt. Nein, nicht dafür. Es war in uns.

Übrigens erblicken wir ja alles wieder. Das Mädchen, das genauso aussieht wie die oder jene vor zwanzig Jahren, geht an eines andern Arm. Habeat. Und Kinder, ewig neue, ewig dieselben, spielen rastlos mit Sachen, über deren Maß und Bedeutung sie sich täuschen, wie es freilich auch uns noch alle Tage passiert. Ein spielendes Kind von 1900 macht innerlich dasselbe durch wie ein Kind von 1865 oder von 1730, oder aus welcher Zeit immer. Tiere, Häuser, menschliche Gestalten, Lärminstrumente, buntes Geflimmer. Zuerst will das Baby sie verschlingen, weil es in seinem dunklen Triebe den Weg der Verdauung für den einzigen hält, auf dem man sich etwas aneignen könne. Das Prinzip der grundbücherlichen Eintragung des Eigentums an unbeweglichen Gütern kann ein solches Gehirn noch nicht in sich aufnehmen, doch das Haben gehört zu seinen frühesten Vorstellungen. Und zwar das ausschließende Haben. Die Kinder sind alle für das Privateigentum, vorausgesetzt, dass sie etwas besitzen. Darin ähneln sie den Erwachsenen. Jawohl, das Kinderspiel ist ein Wolkenzug von Illusionen, aber die greifbaren Grundlagen dieses Traumes möchte doch jedes für sich allein haben. Das Spiel ist ein tändelndes und unbewusstes Besitzergreifen vom Leben: Darum verklammern sich diese weichen Pätschchen so fest um die Sachen. Es will haben, was es sieht. Alles, was es sieht. Die Sonne, den Mond, die Sterne, den Kutscher und sein Pferd, und wäre es auch nur aus Holz und Pappe.

Nun werden wir plötzlich einsehen, warum der Spielkrämer alten Stils Unrecht hat und warum er daran zugrunde gehen muss. Wie? Ist solch ein dummes kleines Kind von 1900, das eben erst auf die Welt gekommen ist, anspruchsvoller als ein dummes kleines Kind, das Anno Domini 1500 in dieser Stadt geboren wurde? Ja, es verlangt mehr, einfach, weil es mehr sieht. Was, vor vierhundert Jahren? Vor fünfzig Jahren war noch eine andere Welt. Zwar die Sonne, der Mond und die Sterne haben sich nicht geändert, aber schon der Kutscher und sein Pferd sind nicht mehr die alten. Der Kutscher führt keine Peitsche, und das Pferd hat einen eisernen Rauchfang und nennt sich Lokomotive. Und was noch sonst. Du musst sterben, alter Krämer, weil du das nicht hast. Blättert man in dem Spielwarenkatalog von diesem Jahre, so erschrickt man beinahe vor dem Reichtum unserer Kinder. Da sieht man »eine Dampfmaschine mit Messingkessel, Sicherheitsgewichtsventil, Dampfpfeife, Wasserstandsglas, feststehendem Präzisionszylinder mit Flaschenschiebersteuerung und Kesselpfeifenpumpe«. Da sieht man Elektromotoren, Telegrafen, Telefone und Phonografen für die Kinder. Da sieht man Panzerkreuzer mit drehbaren Türmen, mit der Schiffsschraube. Napoleon, der große Napoleon, hielt Fultons Dampfschiff nur für ein Spielzeug. Noch sind nicht hundert Jahre vergangen, und es ist ein Spielzeug; aber darum, weil sich selbst Kinder die Welt nicht mehr ohne solche Dampfer denken können. Wo der Riesengeist des unbeschränktesten Eroberers nicht mehr mitzukommen vermochte, dort setzen unsere Kleinen mühelos ein. Man fühlt sich an die Schnellaufzüge der New Yorker zwanzigstöckigen Häuser erinnert; das rast in einem zwölf Stockwerke hinauf, ohne anzuhalten. Oder an die Zahnradbahnen der Schweiz, die bis in die Eisregion hinaufführen, sodass man ohne Müdigkeit dort aussteigt und zu gehen beginnt, wo die tollkühnen Steiger vor zwanzig Jahren bereits erschöpft zusammenbrachen. Einen Knaben stellen wir vor einen Experimentierkasten, da mag er sich spielend mit

Elektrizität und Chemie befreunden. Es müsste mit Wundern zugehen, wenn von den Unzähligen nicht hundert, nicht zehn, nicht einer aus den Jugendeindrücken zu Höherem sich aufschwänge. In diesen unermüdeten Gehirnen müssen die Funken neuer Kombinationen aufblitzen. Es geht weiter, höher. Wie hoch? Wir ahnen es heute nicht.

Aber dieser Kinderkatalog vom Jahre 1900 ist ein denkwürdiges Werk, das ist schon klar. Großartiges steht darin neben Lieblichem, Drolliges ist vermischt mit Melancholischem. So sieht man hier die Schlachten dieses gesegneten Jahres verzeichnet. Burenkrieger gibt es und chinesische Boxer unter den Zinnarmeen der Mächte. Noch sind die feinen, tapferen Gentlemen und die treuen Burenkornetts kaum von der blutgeröteten Erde bedeckt, um die sie stritten, und schon ist es ein Marlborogh'scher Krieg für die Kinderstube mironton, mirontaine. Auch alle anderen Kämpfe, Abenteuer, Entdeckungen und Erfahrungen unseres menschlichen Geschlechtes spiegeln sich in den tausend Arten des jetzigen Spielzeuges wider. Nordpolfahrten, der Fang wilder Tiere, Luftreisen, Tiefbohrungen, alle Handwerke, alle Künste, für Kinder fasslich gemacht. Es ist nicht minder lehrreich als unterhaltend. Ein Kind, das nur alle diese Spiele kennte, wäre schon ein sehr gebildeter Mensch. Es besäße wenigstens die Requisiten unserer Kultur.

Und wie denkt solch ein kleiner Kerl sich die wirkliche Welt aufgrund dieser Materialien? Gewiss reicher, schöner, als er sie bei seinem Erwachen aus dem Traume finden wird. Spielzeug, nicht ernst genug für die Wohlfahrt aller verwendet, ist die wundervollste Erfindung auch für die Erwachsenen. Ein Mensch des 18. Jahrhunderts, dem man eine Dampfmaschine zeigte, würde, nachdem er sich von seinem grenzenlosen Erstaunen erholt hätte, daneben eine andre Gesittung erwarten, als wir ihm zeigen können.

Das alles wissen Kinder in der sonnigen Einsamkeit ihres Spieles nicht. Es ist ihr Glück. Spiele, Hans, spiele, Trine! Die Puppe ist ein Kind, noch kleiner als du, noch hilfloser. Übe an ihr die Güte, für die es ein heiliges Wort gibt: Mütterlichkeit.

Eigentlich schulden wir alle denen Güte, die schwächer sind als wir, und das nennt man Menschlichkeit. Aber diese ist noch nicht erfunden worden, wenigstens nicht in diesem Jahre Neunzehnhundert.

Aus Neue Freie Presse, 2. Dezember 1900

* *Heimarmene:* griechisch: das unentrinnbare Schicksal

Reisen

Theodor Herzl auf einer Sinai-Expedition im März 1903 zur Erkundung der Lage und vor allem der Trinkwasserversorgungsmöglichkeiten.

Die Reise nach Ägypten
(1903)

"Αριστον, μὲν ὕδωρ.
Das Beste ist das Wasser.

PINDAR, *Olympische Oden I,1*

Zwischen zwei Träumen liegt Ägypten. Der eine Traum war die Hinfahrt, der andere ist die Rückreise. Blaue Tage, höchst sonnig und winddurchhaucht. Das Festland ist versunken. Eine Weile konnte man danach zurückschauen und sah es verblassen wie eine Jugend, seine Linien wurden duftig. Vor uns aber lag das glorreiche Meer, das Adriatische nennen sie es. Es ist ganz einfach das Meer; ein Name, von Menschen gegeben, will sich in den heiligen Stunden dafür nicht recht eignen. Freilich, aus den Ortsnamen klingt auch Altes, Großes heraus, ein Geschehen, das manchmal gewaltig war. Um dieses weite Wasserbecken haben sich seit manchen tausend Jahren Völker und Stämme herumgetrieben, geschlagen. Völker ohne Zahl, auch schon in den geschichtlichen Zeiten allein. Gekommen, gerauft, verschwunden. Das Meer sah aus wie jetzt. Auf besseren Schiffen werden unsere späten Söhne diesen Weg befahren. Das Meer wird aussehen wie jetzt. Da ist es wie eine glückliche Brise, die uns um die Schläfen weht, dass wir den armen und gemeinen Tag unseres Lebens vergessen können, und wir sind erst jetzt, auf hoher See, wirklich fort aus dem Gewöhnlichen. Wie gleichgültig wird einem zwischen Wasser und Himmel all das, was sonst ein Ärger oder Ekel war. Mögen die dort in der versunkenen Gegend ihren Geschäften und Unterhaltungen beschmutzt und hastig nachlaufen, mögen sie mit ekelhafter Wichtigtuerei oder niedrigen Machtgelüsten das treiben, was sie Politik nennen; mögen sie mit ihrer Kunst den Philister zum Narren halten, aber sich gegenseitig die Kränze des Ruhmes auf nicht errötende Stirnen drücken – was kümmert's dich, Seefahrer? Du bist frei, du bist allein. Du atmest auf in der hohen Einsamkeit. Lass ihnen ihre Geschäfte, ihr Vergnügen, ihre komische Macht, ihren lächerlichen Ruhm. Ja, lachen muss man über ihren Ruhm, wenn man in der Seefreiheit an ihn denkt. Setzen sich ein paar Burschen wichtig zusammen und ernennen sich gegenseitig zu den Besten ihrer Zeit. Ein Gelächter. Aber man lacht nicht mehr bitter, sondern heiter, weil das Meer so blau, die Inseln scheinbar so ewig und die Menschen ganz sicher so vergänglich sind. Brindisi, ein Hafen, nichts als ein Hafen. Ein Hafen mit einer geborstenen römischen Säule und einer ganzen Menge lebenden Elends. Die Säule und das besondere Elend hängen aber damit zusammen, dass der Ort von alters her ein so guter Hafen war. Hier landete Roms glücklicher Feldherr, die Säule soll ihn ewig feiern. Und dieses eigentümliche Elend? Die Bettler und Bettlerinnen haben zerfressene Gesichter, eingesunkene Nasen es fehlen ihnen Arme oder Beine. Was ist das für ein verwünschter Boden? Ein Hafen ist es. Hier stiegen immer erhitzte Matrosen aus allen Meeren kommend nach langer Fahrt an Land, und diese alten Bettlerinnen waren vor Zeiten junge italienische Mädchen. Von der Landungsbrücke bis zur Post, auf der man die letzten europäischen Grüße aufgibt, bilden die Hafenkrüppel eine Hecke. Der einzige Wachmann ist sehr schneidig. Er schreit sich heiser, fuchtelt mit seinem Rohr herum und hält die gar nicht gefährdete Ordnung mühsam aufrecht. Ich glaube, er strengt sich so sehr an, um auf die Reisenden des großen Schiffes Eindruck zu machen. Viele Heldentaten haben keinen tieferen Grund. Oder tobt er seinen Cäsarenwahn ebenso an den Krüppeln aus, wenn keine fremden Dampfboote anlegen? Grausam war, was er einem blinden Manne tat, welcher, von einem Knaben geführt, die Hand aufhielt. Er schob den Alten mit dem Kinde hinter ein Gitter und schlug dessen Türe zu. Er sperrte es nicht ab, denn der blinde Greis konnte eine Auflehnung nicht wagen. Zuerst war der Gefangene von dem Schicksalsschlage wie zermalmt, dann begann er weinend mit dem kleinen Jungen davon zu reden, dass nun das Schiff wegfahren und er keinen Saldo abbekommen würde; endlich wurde seine Wehklage größer und lauter, die begleitenden Gebärden erlangten einen gewissen Schwung, und wenn man ihn so sah und nichts weiter von ihm wusste, konnte man ihn für den geblendeten und verbannten König aus einer Tragödie halten. Erst als unser Schiff wieder die Anker lichtete, öffnete der böse Machthaber die unversperrte Gittertür und der Greis wankte hervor. Jammernd zog er an der Hand des Kindes die Hafenzeile entlang und klagte allen, die er traf, sein Unglück. Ein Schiff, das sicherlich einige Soldi wert gewesen, war ihm untergegangen. Sein Schmerz hätte nicht größer sein können, wenn ihm als einem Reeder wirklich solch ein Fahrzeug auf den Meeresgrund gesunken wäre. Aber darin sind die Armen besser daran als die Reichen: dass ihre Verluste leichter ersetzlich sind.

Der weinende blinde Greis war das Letzte, was wir von Europa sahen.

An griechischen Inseln vorbei. An Bord waren wir eine ganze Anzahl studierter Leute, und als wir uns, etwa sechs oder acht, zusammentaten, da brachten wir zwei Zeilen Homers mit Weh und Ach zu Stande. Es knüpft sich daran ein anregendes Gespräch mit nicht durchwegs neuen Gründen über die Nützlichkeit des Griechischen in der Mittelschule. Überhaupt wurden die Reisegenossen nach und nach gesellig, und als es auf der Höhe des Kap Matapan ein wenig zu schaukeln anfing, waren wir allesamt Freunde bis zur Erreichung des festen Landes. Diese innigen Gefühle hinderten die Wetterfesten nicht, über die Lücken zu schmunzeln, die der Abendtisch aufwies. So sind ja die Freunde nach La Rochefoucauld*. In diesem Falle besteht übrigens das Behagen nicht nur darin, dass es dem Freunde übel ergeht, sondern auch darin, dass man sich selbst dem Meere überlegen findet. Und doch nahm auch unter den bei Tisch Erschienenen allmählich eine flaue Stimmung überhand. Es war ohnehin für Sturm gedeckt worden: für jeden Gast ein viereckiger Holzrahmen angeschnallt, in dem seine Teller, Gläser, Flaschen munter herumkollern können. Das verdirbt einem den Appetit ein wenig. Jemand machte aufmerksam, dass wir eben im Frühlings-Äquinoktium seien. Ein anderer murmelte etwas von den übelberüchtigten Gewässern um Kreta. Das Schiff rollte, stampfte, ächzte. Da erhob sich noch der und jener während des Speisens bleich und schlich nach seiner Kemenate. Beim dritten Gange fing einer an zu zählen, wie viele noch da seien. Fünfzehn mit dem Kapitän. Gleich darauf waren es nur vierzehn. Diese Zahl hielt sich bis zum Fasan. Da schwand der Vierzehnte. Einer, der sich für den Dreizehnten hielt, erschrak darüber so heftig, dass er ihm schleunigst nachlief. Dieser Anblick verbesserte die Humore der noch Aufrechten, aber man hielt kürzer Tafel als sonst. Dann war das Schiff eine Wiege, und wir schliefen uns sanft hinüber nach dem Lande Ägypten. Im Morgengrauen schwamm unsere große Wiege still in den Hafen von Alexandrien hinein.

Die Stadt schlief noch, als wir nach dem Bahnhofe fuhren. Kaum ein erstes Beginnen des Lebens, doch es ist schon bunter Orient. Die Sonne kommt herauf, und es leuchten rote, gelbe, blaue Farben, es starrt in engen Gässchen der Schmutz; es wallen geheimnisvolle Weiber in Schwarz mit dem langen Schleier, der an der Nasenwurzel von einer Messingrolle gehalten wird, um die Augen frei zu lassen. Viel Geschrei auf dem Bahnhofe. In all diesen Katastrophen handelt es sich um einen, höchstens zwei Piaster. Aber mit demselben Aufwande von Lungenkraft und Grobheit, den ein Packträger hier macht, um einen Piaster mehr zu bekommen, könnte er in einem zivilisierten Lande mit Leichtigkeit Abgeordneter werden. Der Wert der Grobheit steigt nämlich mit der Kultur eines Volkes.

Der Zug rollt aus der Halle in die Ebene hinaus. Da ist das Becken des mareotischen Sees, dann beginnen die unermesslich fruchtbaren Felder. Da ist das Delta des Nils, das alt- und hochberühmte. Es liegt da, wie ich es vor fünf Jahren sah, wie es andere Menschen vor hundert oder dreitausend Jahren gesehen haben – und noch weit, weit zurück. Den Traum der alten Zeit, hier kann man ihn träumen. Klingt es nicht wie eine

Glocke vom Meeresgrunde herauf, wenn in Platons »Kritias« von diesen Gauen die Rede ist?

»Es gibt in Ägypten, versetzte Kritias, in dem Delta, um dessen Spitze herum der Nilstrom sich spaltet, einen Gau, welcher der saïtische heißt, und die größte Stadt dieses Gaus ist Saïs, von wo ja auch der König Amasis gebürtig war …« Dem fragenden Hellenen sagt der ägyptische Priester: »Ihr seid alle jung an Geist (ihr Griechen), denn ihr tragt in ihm keine Anschauung, welche aus alter Überlieferung stammt, und keine mit der Zeit ergraute Kunde.«

Ach, ach, wo sind die Hellenen, die jenem Priester kindlich vorkamen, weil sie keine adelig alten Geschichten vom Anfange der Menschheit wussten? Der neunzehnjährige Kritias erzählte dem Knaben Platon von Berichten, die so fernher flossen, dass sie wie Märchen rauschten. Aber da ist noch das Delta, um dessen Spitze herum der Nilstrom sich so vielfach spaltet.

Der Nil wird uns jetzt immer begleiten, solange wir im Lande Ägypten sind. Wir werden ihn aus dem Coupéfenster sehen und vom Wägelchen herab, in dem wir über die Landstraße rollen, und vom Rücken des geduldigen Esels wie vom Buckel des Kamels, und natürlich vor allem, wenn wir mit der Barke über feine weichen Wellen gleiten. Er wird wiederkehren, der Strom, der ewige und junge, der sagenhafte, der doch ein morgiges Geschenk der Äcker ist, er wird immer da sein in Betrachtungen und Gesprächen, stets entfließend und stets gegenwärtig, alles beherrschend, weil alles befruchtend. In Wahrheit ist er die wundersam feste Grundlage aller Wohlfahrt, nichts wäre ohne ihn, nichts ist außer ihm. Wohin er nicht kommt oder listig hingeführt wird, ist die Wüste. Wo seine Wellen plätschern, wird der Boden üppig. So lernen wir auf dieser Fahrt allen Zauber des Wassers kennen. Auf dem Meere war es die Freiheit, hier ist es die Fruchtbarkeit und eine duftende Verklärung. Denn der Nil ist nicht nur der Reichtum, er ist auch die süße, unvergleichliche Schönheit des Ägypterlandes.

Den Bahnsteig entlang ziehen die Kamele, hochbepackt, als ginge sie das neue Leben der Dampfzeit gar nichts an. Ihre Lasten sind geblieben, was sie waren, und so schaukeln sie philosophisch weiter in dem langen Rhythmus, den der Wüstengang der Kamele hat. So gibt es Lebewesen, denen aller Fortschritt nichts nützt. Solch ein Kamel hat etwas Feierliches und Gefasstes; es scheint zu wissen, dass wir zum Leiden und Lastentragen auf der Erde sind, und so wandelt es geduldig seinen Weg bis an das Ziel, das glücklicherweise auch den Kamelen gesetzt ist. Trauriger sind die Esel, denn sie lehnen sich manchmal auf, aber sie tun es in einer ungeschickten und erfolglosen Weise, die nur zu den heftigen Prügeln und Fußtritten führt. Ich möchte in diesem Lande kein Esel sein. Hier hat man als ein solcher noch nicht die Anwartschaft auf die höchsten Stellungen.

Auch die Büffel an den Schöpfrädern halte ich nicht für glücklich: Das Land wird von Wasseradern tausendfach durchzogen, und das ist natürlich immer der Nil, der gespaltene, zersplitterte, zerfaserte, dünner und dünner in feinste Haarröhrchen verteilte Nil. Denn das waren die armen Zeiten, in denen das Land entweder ersoff oder verschmachtete. Auch die Künste der Stauung und Bewässerung sind hier schon uralt und wurden in fernen Zeiten in diesem Delta geübt. Freilich gerieten sie wieder Jahrhunderte hindurch in Vergessenheit oder Entwöhnung, und es gab dann magere Kühe. Eine richtige Politik müsste nun darauf aus sein, dass die Äcker immer bewässert werden, weil sie ja unter diesem immerblauen Himmel Ernte nach Ernte tragen; drei, sage drei Ackerperioden gibt es im Jahre, Frucht auf Frucht, ein unerschöpflicher Segen. Nur Wasser muss da sein, dies ist das einzige Verlangen des Bodens und seiner Menschen. Wasser ist das Beste. Wenn es da ist, sind die Kühe Pharaos fett.

Die metaphorischen Kühe, ja; die Büffel an den Schöpfrädern nicht. Die Büffel bleiben mager. Man muss sie sehen, diese tief gebeugten Tiere, wie sie ihr Joch im Ringe schleppen. Die Eimer steigen voll herauf, sinken leer hinunter, das Wasser aus dem tieferen Graben auf den Acker zu holen. Am Brunnen hockt die ganze Sippschaft des Fellachen, schaut dem Büffel zu. Der Büffel geht und geht und geht. Morgen wird Mittag, wird Abend, am entzückenden Himmel verblutet die Sonne. Der Büffel geht und geht und geht. Spürt sein Bauer ein Erbarmen, so werden dem Büffel wenigstens die Augen verbunden. Dann sieht er nichts vom Himmel, aber auch nichts von seinem unveränderlichen Wege. Wie schrecklich muss es aber sein – selbst für einen armen, dummen Büffel – mit sehenden Augen im Ringe zu gehen.

Nilarme, Wassergräben, Schöpfräder, Büffel, Kamele, Esel mit ihren Reitern und Treibern, ab und zu ein Dorf, das heißt ein Haufen großer Lehmklumpen, welche die vorbildliche Zeltform erkennen lassen, und dann ein größerer Ort, ein Markt, farbenflirrend, schmutzig, mit Lärm, und wieder die Landstraße mit Kamelen und Eseln, wieder die Schöpfräder mit Büffeln – so sieht die Fahrt aus. Bis aus dem leichten Dunste des Horizontes die Umrisse von Pyramiden aufsteigen. Feinere und prächtigere Häuser tauchen auf, Gärten, Türme, Moscheen, Paläste – Kairo!

Die Straße vor dem Hotel ist noch ein solcher Maskenball wie damals. Auf der großen Terrasse sitzt man mit dem Fliegenwedel und lässt die Dinge an sich heran, an sich vorüberkommen. Farben und Geschrei. Hunderterlei Anträge von Führern und Händlern. Die Kindlichkeit und der Schmutz des Orients. Aber mittendrin stehen etliche Wachleute, streng, britisch angehaucht, fast schon Policemen. Eine Abteilung Hochländer marschiert vorüber, schottische Hosen, flotte Jungen – die Okkupation. Andere englische Herren, Offiziere, haben den Tarbusch, der höher ist als der Fez der Türken, auf dem Kopfe. Und wie sie es verstehen, Ordnung zu machen, ohne Brutalität, ohne Tropenkoller, es nimmt sich wunderbar genug aus. Das Volk Ägyptens war seit unvordenklichen Zeiten gewohnt, von Fremden beherrscht zu werden. Nun ist ein Fremder gekommen, der freilich fabelhafter aussieht als alle Eroberer, Raubfürsten und Despoten vergangener Zeiten; ein Zwingherr, der das Volk nicht aussaugen oder zertreten, sondern es heben und bessern will. Dieser rätselhafte Eindringling verbreitet Licht, schafft Ordnung, sorgt für Reinlichkeit, schützt die Gesundheit, bringt Gerechtigkeit, regelt die Finanzen, lässt jeden nach seiner Façon selig werden, sichert die Straßen, baut Dämme und wirtschaftet mit dem Wasser, dem Wasser des Nils, wie in den Jahrtausenden noch niemals ein Herrscher Ägyptens. Dass der Zwingherr all dies Gute einem hohen und fernen Machtgedanken zuliebe schafft, weiß der Felleh nicht und verstünde es nicht, wenn er es wüsste.

Noch merkwürdiger ist, mit welch weicher Hand dieser fremde Gewalthaber das Schöne, Urständige, Heimatliche zu schonen weiß. Dem Genius des Ortes wird gehuldigt. Einem Engländer wäre es in der Tat unerfindlich, wie man einen Menschen in seiner Freiheit, in der Pflege seines Glaubens, seiner Sprache oder Tradition behindern könnte. Und so begibt es sich, dass ein Volk, welches das Glück hat, von England unterjocht zu werden, eine Freiheit genießen lernt, von der es vorher keine Ahnung hatte. Darüber lässt sich viele Stunden lang nachdenken, während man mit dem Fliegenwedel auf der Terrasse sitzt und hinunterblickt in den Maskenball der Straße. Ausflügler kehren von den Pyramiden heim, andere reiten zu den Gräbern der Kalifen, fahren nach Memphis oder Heluan und weiter, zur Straußenzucht von Matarije bei Heliopolis, zur Mosesquelle, und was weiß ich, was ein pflichtgetreuer Rundreisender alles gesehen haben muss, um sich bei der Heimkehr mit Anstand zeigen zu können. Die Rundreisenden sind eben hier dieselben wie anderswo, und sie vermehren recht unterhaltend die Fülle des Bildes, wenn sie es auch ein wenig ins Gewöhnliche herunterdrücken. Fast ist die Straße von Kairo schon zu modern, zu europäisch. Doch da wird plötzlich auf der Fahrtstraße ein erinnernder Ruf laut, und wir sind wieder in Ägypten. Zwei goldbetresste, aber bloßfüßige Läufer haben den Ruf ausgestoßen, sie rennen vor einem reichen Wagen her, den herrliche Rosse ziehen, und das ermahnte gemeine Volk hat auszuweichen, sonst schlagen die Läufer mit ihren Stäben drein.

Im geschlossenen Wagen sitzen Damen in schwarzen Seidenhüllen. Stirn und Augen sind frei, den unteren Teil des Gesichtes decken rosenfarbene Schleier, die so undurchdringlich sind, dass man die Trägerinnen für bezaubernd hält. Dunkle Augen strahlen, und das Geheimnis duftet. Morgenland!

Aus Neue Freie Presse, 12. April 1903

* *François VI La Rochefoucauld* (1613–1680), Literat am Hofe von Louis XIV, brillierte in der Kunst der »Maxime«, d. h. kurzer und pointierter, meist pessimistischer und oft sarkastischer Aperçus über Adelige.

Einige Tage in Ägypten
(1903)

Anfang April in Kairo. Es ist Sommer. Morgens weckt uns starker Vogelgesang, und im saftigen Garten, auf den sich das Fenster öffnet, herrscht eine hohe sommerliche Pracht. Ich liebe die rotvioletten Blüten der Bougainvillea – ich glaube, so heißt sie –, die man in dichten Büschen an Häusern und Umfassungsmauern hoch hinaufklettern sieht. In diesen Monaten leuchtet sie in ihrem Farbenübermute. In Europa ist der Gärtner wahrscheinlich froh, wenn er sie im Topfe, etliche Zweiglein, ziehen kann; hier strömt sie gleich über ganze lange Mauern ihre Blumenfülle aus, die Bougainvillea. Und die Palme ist ein gewöhnlicher Baum.

Die Straße unterhält mich, die arabische, die levantinische, die europäische. Man findet hier allerlei Bodensatz. An der Terrasse vor dem Gasthofe wälzt sich dieses gemischte Leben vorüber, den ganzen Tag, bis in die Nacht. Die offenen Wagen mit den rasenden Pferdchen erinnern mich an die Carrozzellen* von Neapel. Daran auch die Weiber auf den Balkonen, das ist mehr südeuropäisch als nordafrikanisch. Aber die Händler und Führer, die zu Dutzenden auf der Straße vor dem Gasthofe herumstehen, sind einziges Kairo. Alle Menschenarten des nordöstlichen Afrika erscheinen vertreten: Neger, abgeblasste Mischlinge, gebräunte Weiße. Die vielerlei Köpfe sind mannigfaltig bedeckt: mit braunen Filzkäppchen oder ganz einfach mit irgendeinem grellen Lappen. Und so sind auch ihre Leiber bekleidet, mit gelben, grünen, weißen, hell- oder dunkelblauen, bis auf den Boden wallenden Hemden, Mänteln, Umhängetüchern. Die Farben sollen schreien, das scheint der eigentliche Zweck der Männertrachten zu sein. Die Frau aber ist auf der Straße ganz schwarz verhüllt, anders als im Abendlande, wo sie gleich den Schaugebilden der Pflanzen schimmert und lockt.

Der ferne Gesetzgeber, der die Frau hinter Mauern verbarg, sie mit Hämlingen* umgab, sie nur durch enge Holzgitter ins Freie blicken ließ und ihre reizende Gestalt durch dunkle Überwürfe entstellte, dieser Gesetzgeber war offenbar auf die Schaffung eines harten Volkes von Kriegern aus. Der Mann sollte seinen großen Aufgaben nicht durch das Weib entfremdet werden. Und siehe, der Orient, in dem die Frau öffentlich keine Rolle spielt, ist dennoch eingeschlafen. Der Orient ist viel weichlicher als der Okzident. Sollte die Stellung der Frau daran einige Schuld haben? »Souvent la femme nous inspire les grandes choses«, meinte Dumas Sohn – aber zur Enttäuschung seiner lieben Leserinnen, die sich schon freuten, fügte er scherzend hinzu, »qu'elle nous empêchera d'accomplir.«* Worin ihm wieder mancher Leser Recht gibt.

Jawohl, ich weiß, dass am Erschlaffen der Menschen das Klima schuld ist. Es ist so unsagbar mild. Da vergisst man die großen Absichten und lässt sich leben.

Auch braucht man unter dieser glücklichen Sonne so wenig Mittel zum Dasein. Die Sonne selbst scheint mit ihren anhaltenden Strahlen die Menschen zu nähren, dass sie kaum einer weiteren Fütterung bedürfen. Ein Endchen Zuckerrohr und dazu eines von den flachen Broten, das ist dem Fellachen schon eine ganze Mahlzeit. Diese flachen Brote aber sind dieselben, welche den ungesäuerten der Juden als Muster gedient hatten dazumal in der Wüste, da der feine Ägypter Moses sie fortführte von den gewiss erbärmlichen Fleischtöpfen Ägyptens. Ich kann mir nämlich nicht denken, dass diese Fleischtöpfe gut gewesen seien, wenn ich nach dem Heutigen urteile, das ich selber in den Straßen, offenen Läden und Lehmhütten im Lande Mizraim sah. Es ist nicht anzunehmen, dass sich die Nahrungsmittel seither so beträchtlich verschlechtert haben sollten, und so werden die berühmten Fleischtöpfe wohl nur eine Luftspiegelung in der Wüste gewesen sein.

Im Bazar schaute ich einem arabischen Kaufmanne beim Essen zu. Er kauerte auf dem bretternen Fußboden seines Geschäftes zwischen Kattunrollen und Tuchstücken, und vor sich hatte er einen kleinen Topf, in dem aber mehr Grünzeug und Gemüse als Fleisch war. Mit den Fingern holte er sich die Speise aus dem Napf, dass einem schon bei diesem Anblick allein der Appetit vergehen konnte. Und was in diesem Gefäß schwamm oder lag, erweckte kein Verlangen.

Wie in die Töpfe, so kann man in allen Handel und Wandel gucken, wenn man den Bazar durchstreift. Dieser hat Ähnlichkeit mit dem von Konstantinopel, nur ist er noch viel orientalischer, enger und schmutziger. Die Hauptstraße, die Muski, ist wohl etwas breiter und europäischer, aber gerade dadurch charakterloser geworden, und ihre Läden erinnern an die einer kleinen Provinzstadt. Nur der Menschenstrom in der Muski erhält ihr die farbenreiche Ursprünglichkeit. Besser im Malerischen sind die Gässchen der Hauptstraße. Manche Handelszweige haben ihre bestimmte Gegend. Die Konkurrenten nisten beisammen, hocken aufeinander, und man sollte erwarten, dass hier Nachbarschaft und Brotneid die Leute verzehren. Aber sie sitzen mit so friedlich gekreuzten Beinen in ihren offenen Verschlägen, rauchen die Wasserpfeife, reden und spucken freundschaftlich zueinander hinüber, wenn just kein Kunde da ist. Es gibt unter anderen ein Gässchen der Rosenölhändler, eines oder mehrere der Goldschmiede, eines der roten Pantoffeln, eines der Bücher usw. Es duftet von Rosen in dem einen, von Leder in dem andern, und bei den Goldschmieden sieht man immer viele schwarz vermummte Weiber. Das Glitzernde lockt sie an.

Das Büchergässchen liegt nahe der Universität. Betritt man die Azhar-Moschee, den Hof, die Hallen, so hört man das Schwirren von murmelnden Knaben- und Männerstimmen. Dieser von Laubengängen umgebene Hof, auf dessen Steinfliesen viele Hunderte von Knaben und Jünglingen lesend und schreibend kauern, ist die so genannte Universität. Wahrhaftig, eine andere Welt. Das sind die kindlichen Menschen aus tausendundeiner Nacht. Lesen, Schreiben, ein wenig Rechnen, viel, sehr viel Koran, das ist die Gelehrsamkeit dieser wundervollen Universität. Doch Gelehrsamkeit ist etwas Relatives, in jeder Zeit und jedem Lande verschieden. Ein morgenländischer

Denker wird vielleicht mit nicht geringerer Ironie auf das Stückwerk unseres Wissens herunterschauen.

Der Anblick dieser arabischen Hochschule ist freilich kostbar. Die Klassen sind nicht in verschiedenen Räumen untergebracht, sondern alle in derselben weiten Halle. Die Kreise der Hörer grenzen aneinander. Der Lehrer, der Schech, sitzt mit untergeschlagenen Beinen auf einem Stuhl oder auf einer Strohmatte. Vor ihm im Halbkreise auf der Erde hocken die Jünger, und jeder hat seine Schuhe und seine Hefte vor sich liegen. Der Schech liest vor und glossiert, die Schüler horchen auf und saugen diese Weisheit in sich ein. Es ist merkwürdig, wie still und artig all die Klassen sich benehmen. Sie sind so dicht beisammen, durch keine Wand getrennt, von einer Gruppe kann man zur andern hinüberhören, und dennoch belästigen sie sich gegenseitig nicht. Die Einzelnen sind mit heiligem Ernste bei der Sache, sie haben die Leidenschaft des Lernens und die größere des Lehrens. Durch ihre Andacht wird diese weite Halle zu einem Tempel. Speise und Trank scheinen sie zu vergessen, sie dürsten nur nach Wissen. Für die aber, die auch nach Wasser dürsten, gibt es etwa ein Dutzend Wasserträger. Mit der vollen Bockshaut auf dem Rücken und klappernden Bechern in der Hand schreiten diese zwischen den Jüngerkreisen umher. Sie stören den Vortrag nicht. Auf nackten Sohlen wandeln sie geräuschlos umher. Der durstige Schüler hat nur die Hand zu erheben, so bleibt der Wasserträger stehen, und indem er sich leicht nach vorne neigt, füllt er aus der Bockshaut mit einem geschickten Ruck der Schulter den Becher, den er dem Knaben reicht.

Das Bild ist tausend Jahre alt. Der Schech mit dem Koran, der Wassermann mit der Bockshaut, der Knabe, dessen Durst sie beide stillen – tausend Jahre ist das Bild alt und erneuert sich täglich. Eine Weile stand ich da und hörte einem der Schechs zu. Ich wusste nicht, was er sagte, und verstand ihn doch. Ich vernahm den argumentierenden Tonfall seiner Stimme, sah seinen siegreichen Beweisblick, die auseinandersetzende Gebärde seiner Hand; er legte aus und unter, dichtete dies hinein und klügelte jenes heraus. Was lässt sich in einer Sure des Korans nicht alles finden, wenn man nur sucht. Ich sah den Mann zum ersten Male und kannte ihn doch. Er ist einer von denen, die erfüllt sind von der Illusion des Wissens und diese Illusion überzeugt weitergeben. Man findet solche im Osten wie im Westen. Aber ist es nicht im letzten Grunde gleichgültig, mit welcher Art von Traum wir das Leben verbringen?

Das Leben endet auch hier eines Tages; eines schönen Tages, muss man sagen, denn hier sind alle Tage schön. Auch über den Leichenbegängnissen wölbt sich dieser ewig hochzeitliche blaue Himmel, und in aller Farbenfröhlichkeit wird der Tote zur Grube gebracht.

Wenn man einen solchen Zug zum ersten Male sieht, so möchte man nicht glauben, dass es sich um eine so traurige Angelegenheit handle. Die Sache sieht eher spaßhaft aus. Reiter auf Eseln kommen zuerst und der trippelnde Schritt dieser Tiere lässt eine richtige trübe Stimmung nicht entstehen. Die Kiste, welche den Entschlafenen birgt, ist in eine Kattunfahne gewickelt und wird von mehreren Männern auf den Schultern getragen. Die Weiber folgen hinterdrein, zu Fuß oder ebenfalls hoch zu Esel, und sie besorgen geräuschvoll die Wehklage. Die Kiste und der Kattunfetzen sind aber nicht zum ausschließlichen Gebrauche eines Individuums da, sondern dienen oftmals. Auf dem Leichenfelde wird der Körper aus der Kiste genommen und in die Grube gelegt.

Das Verfahren ist schleunig, aber es tut dem armen Fellachen nicht mehr weh. In der Empfindungslosigkeit gleicht er nun schon einem Großen. Seine Ruhe hat er, was sich von manchem König und Hohepriester nicht einmal in demselben Maße sagen lässt. Die liegen nämlich im Museum als wunderbar hässliche Mumien erhalten in gläsernen Schreinen zur Schau aus, und sie müssen es sich gefallen lassen, dass die Inhaber von Rundreisebilletten aus Amerika oder Europa ihnen in die gebräunten Eingeweide blicken und dabei die allergewöhnlichsten Betrachtungen über die Vergänglichkeit ägyptischer Könige anstellen. Es gibt allerdings auch Betrachter, die stehen bleiben und sich gar nichts denken.

Die einst Mächtigen aber liegen da und können niemandem mehr schaden, niemanden mehr kränken, quälen und unterdrücken, sie können keine Ungerechtigkeit mehr begehen und nicht hochmütig sein. Was wäre es für eine Genugtuung, wenn sie nicht schon so lange vorüber wären!

Immerhin haben sie sich großartig für die Ewigkeit gebettet, mit dem ganzen fürstlichen Aufwande, den ihnen die Unentgeltlichkeit der Arbeitskräfte gestattete. Es lassen sich in der Tat die merkwürdigsten Pyramiden aufführen, wenn man den Fronknechten als Honorar nur die Peitsche zu geben braucht. Und auch im Wasserbau, in Dämmen und Kanälen lässt sich unter so günstigen Lohnbedingungen Namhaftes leisten.

Die letzten großen Wasserwerke sind nicht mehr auf so patriarchalische Weise entstanden. In unseren Tagen wird Arbeit bezahlt, und es widerspricht unseren sittlichen Empfindungen, für Menschen, die zu harter Arbeit veranlasst werden sollen, eine andere Peitsche zu gebrauchen als den Hunger und das Elend.

Freilich, wer nähme den Spaten in die Hand, wer trüge Lasten und mauerte Dämme, wenn kein Zwang hinter ihm wäre? Zur Stunde ist das Mittel noch nicht gefunden oder doch nicht in Übung, die Kulturbedürfnisse der Menschheit ohne Grausamkeit zu decken. Wie viele arme Teufel haben daran glauben müssen bei den im Ägypterlande vorgenommenen Versuchen, die Erdoberfläche zu verbessern. Aber – werden wir im erbarmungslosen Tone einer Siegesnachricht hinzufügen – aber diese Versuche sind geglückt. Ein solcher Sieg war der geniale Wasserweg von Suez, durch den Europa um so viel näher an Asien herangerückt wurde. Solche Siege waren die Stauwerke der großen englischen Ingenieure in den letzten zwanzig Jahren. Was da gemacht wurde, ist allerdings großartig. Während Europa, das Europa der Mächte, sich noch darüber den Kopf zerbrach, wie und wann denn diese englische Okkupation ein Ende nehmen werde, gingen Englands Ingenieure gelassen und entschlossen an diese ungeheuren Werke. Sie wurden Mehrer des Reiches Ägypten, indem sie den Nilstrom regelten, der wie ein richtiger Verschwender bald zu viel ausgab und bald zu wenig hatte. Durch den riesenhaften neuen Sperrdamm von Assuan und das Stauschleusenwerk von Siut in Oberägypten wurde die Wasserwirtschaft zur raffiniertesten Sparsamkeit gesteigert. Den Abfluss von Wasser nach Unterägypten hat die Verwaltung fast völlig in der Hand. Nicht ein überflüssiger Tropfen rinnt zu Tale, und die Stromhöhe für Kairo wird in dem neunhundert Kilometer entfernten Assuan bestimmt.

Als die britischen Techniker der ägyptischen Regierung an diese gewaltigen Bauten von Assuan und Assiut schritten, berechneten sie die jährlichen Mehreinnahmen des Landes aus dieser erhöhten Ausnützung des Nilwassers auf etwa zweieinhalb Millionen Pfund Sterling. Sie haben sich geirrt. Das Ernteergebnis des ersten Jahres betrug um neun Millionen Pfund mehr. Und wie findet sich der Staat zu seinen Aufwendungen zurück? Einfach durch die nach der Bodengüte abgestufte Grundsteuer. Wirtschaft, Horatio, Wirtschaft! Dieses früher bankrotte Land hat jetzt verblüffende Überschüsse, aus denen die öffentlichen Bauten bestritten werden.

Der Damm von Assuan, gegenwärtig das größte Werk dieser Art in der Welt, scheint freilich auch ein merkwürdiges Opfer fordern zu wollen. Die Insel Philae, welche die Perle Ägyptens genannt wird, soll in Gefahr sein zu ersaufen. Es gibt da herrliche Bauten aus älterer Zeit, und wie man weiß, sind Altertümer zumeist unersetzlich.

Bis an den Katarakt von Assuan bin ich nicht gekommen. Ich sah nur den Barrage nächst Kairo, welcher vor dem von Assuan das hervorragendste Stauwerk war:

Dieser Bau war schon vor fünfzig Jahren von Franzosen versucht worden, gelang aber nicht. Als man ihn fertig wähnte, stellte sich heraus, dass er nicht sperrte, wohl das Allerschlimmste, was ein Sperrdamm sich kann zu Schulden kommen lassen. So blieb er jahrzehntelang unwirksam, bis die Engländer kamen und die Arbeit von Grund auf erneuerten. Es hat eine Menge Geld gekostet, aber jetzt funktioniert er tadellos. Das ist die Okkupation der Ingenieure.

Das Stück Land im Flusse, welches zwischen den Schleusenbrücken des Barrage, zwischen dem Nilarm von Damiette und dem von Rosette liegt, das ist eine duftende Insel geworden. Sie haben nämlich einen Garten daraus gemacht. Es wachsen da wunderseltene Blumen, denn es ist ein Treibhaus mit dem Himmel als Dach.

Wir fuhren auf einer Yacht hinaus. Beim Untergang der Sonne kehrten wir nach der Stadt zurück. Wie weich der Nil unter den Abendfarben erglänzte, in welchen Stimmungsübergängen der Himmel auf loderte und erblasste, es ist nicht zu sagen.

Und noch größer war der kommende Abend ein anderes Mal vom Mokattamberge aus anzusehen. Da ist das Bild überwältigend. Jenseits des grün angelaufenen Striches von bebautem Lande erblickt man das Gelbbraun der Wüste, man sieht Pyramiden und dämmerige Höhenzüge in der Ferne, man sieht die Zitadelle, die Kalifengräber, und da unten dehnt sich eine lasterhafte und prächtige Stadt. Der Strom schimmert zwischen den Auen, die Landschaft ist weit, weit.

Doch um dieses Sonnenfest gebührend zu feiern, müsste man noch die Empfindsamkeit junger Jahre im Gemüte haben. Wo ist sie hin? Und es ist gut, dass sie nicht mehr da ist. Aber so lieblich und hinreißend, so rosig und wehmütig ist dieses Untertauchen unserer lieben Sonne, dass man wahrhaftig sekundenlang etwas Törichtes wünscht: noch einmal jung zu sein, und müsste man auch das verwichene Ungemach noch einmal durchkosten, die Lernplage, die Kämpfe, die vergeblichen Bemühungen, die Enttäuschungen, ja sogar die Liebe.

Aus Neue Freie Presse, 21. April 1903

* *Carrozzellen:* italienisch: Droschken

* *Hämling:* Kastrat, Verschnittener

* »Oft inspiriert uns die Frau zu großen Dingen … an deren Vollendung sie uns dann hindern wird.«

Die Erziehung eines Präsidenten
(1903)

Wie man Prinzen erzieht, wissen wir ungefähr. Es ist ein großes Kapitel. Für die Völker, die es betrifft, gibt es wenig wichtigere Angelegenheiten, gleichviel ob die Monarchie sich schon durch eine Verfassung legitimiert habe oder noch ausschließlich auf der bewaffneten Macht beruhe. In der Regel wird die Erziehung des Prinzen äußerst sorgsam geleitet sein, wenigstens nach den Begriffen der zu dieser Zeit Maßgebenden. Das Interesse der herrschenden Familie verlangt es, dass der Prinz für seinen künftigen Beruf auf das Beste vorbereitet sei. So wird man denn in jedem zivilisierten Lande finden, dass die Prinzen zu den Höchstgebildeten gehören, wenn anders ihre natürliche Veranlagung es nicht ganz und von vornherein ausschloss. Für denjenigen, der im Freien, in keiner Partei gefangen und von keiner goldenen Kette belastet über die beste Staatsform nachdenkt, ist die Möglichkeit der Prinzenerziehung einer der unvergleichlichen Vorzüge der Monarchie. Die bedeutendsten Lehrkräfte der Nation stehen für diesen Zweck zur Verfügung, die weisesten Männer, die heißesten Patrioten geben ihren Rat dazu, und alles Mögliche geschieht, um solch ein empfängliches junges Gemüt mit der Liebe zur Gerechtigkeit, mit dem Mitgefühl für jedes Leiden, mit Großmut, Verständnis, Tapferkeit und Geduld auszustatten. So stellt es sich in der Theorie dar.

Eine Republik vermag nichts der Prinzenerziehung auch nur von ferne Ähnliches aufzuweisen. Dem, der an die Spitze des Staates durch eine Wahl gestellt wird, hat man es an der Wiege nicht vorgesungen. Das Fehlen dieses Gesanges an der Wiege ist ja eben Republik. Es können dennoch wackere Männer, ohne vorgängige Erziehung zum Herrscherberufe, Staatsoberhäupter werden. Von der Schaukelgunst der Parteien hinaufgehoben, zumeist einem demütigenden Kompromiss ihre Wahl verdankend, weil man sie für ungefährlich oder unbedeutend hielt, bemühen sie sich, recht farblos Ausstellungen zu eröffnen und unauffällig Trinksprüche zu reden. Wenn es hochkommt, vertritt so einer die Anschauungen irgendeiner Gruppe, er steht für ein System und verteidigt etwas. Der eigentliche Chic des Präsidenten will es aber, dass er unpersönlich und parteilos aussehe, Präsident auch seiner Gegner, Präsident auch der Feinde der Republik im Lande sei. Der Mediokratie kann immer nur ein solcher Mann behagen. Sadi Carnot* war ein Muster dieser Art; er konnte keinen Menschen begeistern und war niemandem im Wege. Das haben die berufsmäßigen Republikaner gern, denn sie fürchten sich vor jedem Talent, vor jedem glänzenden Menschen. Jede stärkere Individualität, meinten sie, bedeute den Untergang der Republik. Ist der Gedanke der Eifersüchtigen und Mittelmäßigen richtig? Sollte man nicht vielmehr glauben, dass ein Volk die Republik würde lieben lernen, wenn es auch manchmal begabte Menschen auf dem höchsten Stuhle Platz nehmen sähe? Ein Präsident, der keine Kompromissnull ist, sondern sich seinen Charakter bewahrt, ein Mann, dem nichts Menschliches fremd ist, der mit eigenen Augen sieht, ohne Rücksichten urteilt, einer gerechten Aufwallung, ja selbst einer schönen Übereilung fähig bleibt – ein solcher Präsident müsste doch dem gemeinen Manne verständlicher sein und ihm fester ans Herz wachsen.

Die Vereinigten Staaten von Amerika haben gegenwärtig ein Oberhaupt, von dem dies gilt. Manchmal dringt ein Wort oder eine Tat von Theodore Roosevelt aus jenem fernen Lande herüber, und wir erfahren, dass dieser Bürger, der für wenige Jahre in einem ungeheuren Reiche geradezu kaiserliche Macht hat, ein schlichter, fühlender, natürlicher Mensch ist. Er redet und handelt oft zum Entsetzen der zünftigen Politiker und gelernten Diplomaten, wie es das einfache Gefühl und der gesunde Verstand jedem Menschen eingibt. Es ist etwas Monströses in seiner Erscheinung: Er hält sich nicht an Präzedenzen, er trabt nicht auf dem Amtsschimmel einher, und wenn irgendein neuer

Fall an ihn herantritt, fragt er sich nicht: Wie muss ich mich als Präsident dazu verhalten, was verlangt das Herkommen, die Politik, die öffentliche Meinung von mir? Nein, er bemüht sich nur aufrichtig, auch in dem neuen Falle mit seinem Gewissen ins Reine zu kommen. So wird er vielleicht gelegentlich etwas Unpolitisches tun, aber welch ein braver Mann.

Und da begibt sich etwas Merkwürdiges. Leuten, denen er als Präsident nicht wohl noch wehe tun konnte, wird er als Mensch wert, und das hängt nicht mehr mit seinem Amte zusammen. Er kann bei der nächsten Wahl unterliegen oder wieder aus der Urne steigen, seiner Bedeutung wird es nichts mehr anhaben. Wann immer es ihn drängt, etwas zu sagen, man wird ihn anhören. Aber auch seine vergangenen Äußerungen werden uns interessant, weil sie vielleicht Auskunft geben über sein Werden. So habe ich jetzt ein altes Buch Roosevelts gelesen, mit einer Teilnahme, die von Kapitel zu Kapitel wuchs. Das Buch eines Präsidenten hatte zunächst nur als etwas Seltsames die Neugierde angezogen. Freilich, was konnte es sein? Die Männer der Tat pflegen keine großen Schreiber zu sein. Wahrscheinlich ein dilettantischer Versuch aus Zeiten, die dem Sohne der wohlhabenden Familie Roosevelt noch nicht die rechte Betätigung in der Politik gewährten. »Das Leben im Rancho« heißt das Buch. Das erinnert an die amerikanische Romantik des Lederstrumpfes; wenn es nur nicht gar zu ledern wird. Doch bald bemächtigt sich ein Schriftsteller von eigentümlicher Energie unserer Aufmerksamkeit. Es ist möglich, dass wir sein Rancholeben nie zur Hand genommen oder nie ausgelesen hätten, wenn er nicht Präsident der Vereinigten Staaten und ein ungewöhnlicher Präsident geworden wäre. Aber durch seinen späteren Weg bekommen diese Aufzeichnungen aus jungen Mannesjahren einen ganz besonderen Reiz. Zug um Zug einer Physiognomie, die heute als fertige die Welt fesselt, sieht man in einem ganz ehrlichen, ganz anspruchslosen Selbstkonterfei entstehen. Welch ein wichtiges Dokument er zur Geschichte der Vereinigten Staaten lieferte, da er seine Eindrücke als Viehzüchter und Pferdehändler aufzeichnete, davon hatte der junge

Herr Roosevelt vor siebzehn Jahren natürlich keine Ahnung. Was der Mann seither geworden ist, das tritt nun zu dem Werke hinzu, gibt den Worten von damals Geschmack und Farbe, und während er nur die Erlebnisse eines Viehzüchters, harte Tage und raue Nächte, zu erzählen glaubt, schildert er uns in Wirklichkeit seine Erziehung zum Präsidenten der größten Republik.

Er war 23 Jahre alt, er hatte seine Universitätsstudien beendigt, als er Boston verließ, um im unwirtlichsten Teile von Nord-Dakota das Leben eines Viehzüchters zu beginnen. Wenn man bedenkt, dass dieser junge Akademiker ein Bankierssöhnchen war, wird man schon in dem Wege, den er einschlug, eine Spur des werdenden Charakters erkennen. Bürschchen seiner Kategorie pflegen leichtere Abenteuer aufzusuchen. Wenn sie Vaters Geld nicht liederlich vertun, so sind sie höchstens darauf aus, noch größere Vermögen noch müheloser zu erspielen. Schroff kehrte sich der junge Roosevelt schon damals von einer Gesellschaft ab, für die er später das Wort »die reiche Verbrecherklasse« fand. Doch fehlte es ihm keineswegs an gesundem Erwerbstrieb. Er ging nicht zu seinem Vergnügen in die Wildnis hinaus, deren raue Reize er allerdings in folgenden Tagen lieben lernte. Er wollte sich durch eigene Tüchtigkeit ein Vermögen schaffen. Der Römer nannte das ein »peculium quasi castrense«, und dieses Viehzüchtergeschäft in Dakota hatte wirklich etwas Kriegerisches und Lagermäßiges. Für europäische Begriffe ist ja das Ganze sonderbar. Das Kalb eines Bankiers wird, wenn es sich schon auf die Universität bemüht hat, nachher einen feineren Beruf wählen. Man trachtet in einem solchen Falle, Konzeptspraktikant in einem Ministerium zu werden, um in tatlosen Jahren langsam hinaufzukriechen, von einem älteren Schwert- und Dienstadel freilich immer scheel angesehen. Doch auch die Unbemittelten werden durch die Universität in der Regel erwerbungsfähig. Ein Doktor darf das Hundertste nicht tun, und wir sehen an einer wachsenden Legion verschämter Proletarier, welch ein Fluch die akademische Bildung werden kann. Das bisschen Wissen, das von Gelehrsamkeit weit entfernt ist und wahrlich auch keinen philosophischen Halt gewährt, es wirkt nur als ein Hindernis im Leben. Und doch bringen törichte Väter viele Jahre lang Opfer, um ihre Söhne so unglücklich werden zu lassen.

Aber Freiheit weht in solch einer amerikanischen Laufbahn. In Europa hätte Theodore Roosevelt sich als graduierter Herr vielleicht geschämt, ein so gemeines Gewerbe zu ergreifen. Da drüben denken sie freier, darum werden sie größer. Jawohl, es ist eine andere Welt, neuer und besser. Die Jugend dieser Welt ist es vor allem, die uns betroffen macht. Es gibt noch unerschlossene Gebiete, Neuland, und um einen Platz an der Sonne zu finden, braucht man nicht vorher jemanden totzuschlagen. Es ist noch nicht jedes Fleckchen Erde ins Grundbuch eingetragen, unermessen dehnt sich der Weideboden für grasende Tiere, und Felder gibt es für alle Energien.

Das Weideland im Westen, erzählt uns Roosevelt, ist als die dürre Gegend bekannt. Mensch und Tier kann dort nur kümmerlich leben. Es gibt grausam kalte Winter und erbarmungslos heiße Sommer. Die Anstrengungen wie die Entbehrungen sind außerordentlich. Wer sie übersteht, ist sturmfest und wetterhart; es kann ihm so leicht nicht mehr etwas am Leibe schaden, nur allenfalls noch eine der zahlreich umherschwirrenden Revolverkugeln oder ein Sturz vom Pferde. Seltener sind die Angriffe des Hornviehes auf die Treiber und Pfleger. Auch das kommt freilich vor. Es ist eine schwere Arbeit, die großen Rinderherden beisammen zu halten, besonders bei schlechtem Wetter, in den fürchterlichen Stürmen, bei Regen, Schnee, Glatteis und peitschendem Wind. Da wird das arme Vieh vor Qualen toll, und gerade wenn das Wetter am bösesten ist, hat der Ranchero am meisten draußen zu tun. Zur Ruhe kann er nur bei freundlicher Witterung kommen, und das Dach des Rancho ist ihm nur dann ein Schutz, wenn er keinen braucht. Der Weidegrund ist aber so dürftig, dass seine Ausdehnung ersetzen muss, was ihm an Ergiebigkeit fehlt. Weit zerstreut suchen die Rinder und Pferde ihr Futter. Der Hirt muss beritten sein und ein guter Reiter, wenn er die seinem Schutz befohlenen Tiere überblicken, die verirrten auffinden und den verunglückten helfen will. Denn auf dem schlechten Boden kommt es häufig vor, dass ein Rind in ein sumpfiges Loch gerät und nicht mehr herauskann. Da muss der Cowboy heransprengen, das Lasso dem hilflosen Tiere um die Hörner schlingen und es mit einem Ruck aufziehen. Dies und anderes sind die Kunststücke der Cowboys, deren Gewandtheit und Verwegenheit man kennt. Brave Burschen, mit dem Tod in vielen Gestalten auf Du und Du, genügsam, ausdauernd und ihren Nebenmenschen nur dann gefährlich, wenn sie in die Stadt kommen, um sich ein bisschen zu amüsieren. Da wollen sie sich in wenigen Tagen für alle Entbehrungen der Wildnis entschädigen und halten brutal Hochzeit. In den verdächtigen »Saloons« der kleinen Städte spielen, saufen und schießen sie. Roosevelt erzählt es mit Humor und Mitleid. Diese gewalttätigen Kerle sind so arme, geplagte Menschen. Um das Geld, das sie in einigen Stunden schändlich verprassen, haben sie sich monatelang ehrlich gerackert. Und er hat sie gern, das fühlt man aus Roosevelts Schilderung heraus. Er hat für seine rauen Reiter die richtige brüderliche und brummige Liebe, die ein Kapitän für seine Leute haben muss. Er teilt mit ihnen Brot und Gefahren. Er ist Cowboy wie sie. Einmal verirrte er sich im Schneesturm, als er ein verlaufenes Pferd zu suchen auszog. Ein Cowboy war mit ihm. Als es dunkel wurde, waren sie froh, auf eine leere Hütte zu stoßen, in der sie unterschlüpfen konnten. Sie banden ihre Pferde an und verbrachten einen angenehmen Abend. Wie? Roosevelt hatte ein Buch von Shakespeare in der Tasche, und er las dem Cowboy mit lauter Stimme »Hamlet« vor. Der Pferdehirt lauschte dankbar, machte kluge Bemerkungen und erklärte schließlich, dieser alte Shakespeare habe die menschliche Natur gut gekannt. Das ist eine merkwürdige Szene, und wenn man einmal Roosevelts Leben illustrieren wird, so verdient das Bild, wie er verirrt in der einsamen Hütte einem Cowboy den »Hamlet« vorliest, einen guten Platz, nicht weit von dem Bilde, das ihn zeigt, wie er im spanischen Kriege an der Spitze seiner rough riders die Attacke reitet. Das Merkwürdigste daran ist freilich nicht, dass er seinem Notgesellen vorlas, sondern dass er »Hamlet« in der Tasche hatte, als er auszog, ein verlorenes Rösslein heimzuholen.

Ein andermal hatte er Tolstois »Anna Karenina« mit, als er ein Abenteuer bestand. Mit zwei Genossen unternahm er einen Jagdausflug auf dem Missouri, und es wurde ihnen ihr Boot gestohlen. Sie ahnten gleich, wer die Diebe waren. Es konnte nur der Pferderäuber Fumigan mit seinen Leuten sein, denn diesen drei Burschen brannte schon der Boden unter den Füßen, sie fürchteten wegen ihrer verschiedenen Missetaten demnächst dem Richter Lynch zu verfallen. Nun war das Boot Roosevelts in jenen Tagen das einzige Fahrzeug auf dem kleinen Missouri, weit und breit kein anderes zu finden. So konnte die Bande Fumigan hoffen, auf dem Boote zu entkommen. Roosevelt und seine Leute machten sich gleich zur Verfolgung auf. Sie zimmerten sich rasch ein Floß und ruderten stromab den Dieben nach. Es liest sich wie eine gute Knabengeschichte. Richtig überraschten sie die drei Diebe. Roosevelt schlägt sein Gewehr auf den Häuptling Fumigan an und kommandiert: Hände hoch! Fumigan kennt Herrn Roosevelt, er weiß, dass Herr Roosevelt ihn wie ein Stück Wild mitten durch die Brust schießen würde, wenn er nicht die Hände hochhöbe. So werden die drei Banditen entwaffnet. Aber damit ist das Abenteuer nicht zu Ende. Roosevelt ist ein Mann der Gesetzlichkeit. Er will die drei Strolche nicht erschießen oder aufknüpfen, wie er es nach guter alter hinterwäldlerischer Justiz mit Leichtigkeit könnte. Er will sie auch nicht laufen lassen. Erstens, weil es gefährlich wäre, sie irgendwo im Rücken zu haben; zweitens, weil ihnen Strafe gebührt. So schleppt er sie denn gefangen mit. Aber wenn er sie fesselte, würden ihnen bei dieser grimmigen Kälte sicher die Hände und Füße abfrieren. Es bleibt nicht anderes übrig, als sie Tag und Nacht mit schussbereitem Gewehr zu bewachen. Ein Augenblick verminderter Aufmerksamkeit wäre der sichere Tod. Fumigan und dessen Leute sind nicht bei ihrem ersten Mord, und was sie erwartet, wenn sie eingeliefert werden, ist ihnen klar. Und so ziehen die drei Jäger mit den drei Spitzbuben einträchtig weiter. Wenn Roosevelt nicht die Wache hat, liest er am Lagerfeuer »Anna Karenina«. Nach einigen Tagen kommen sie in eine bewohnte Ortschaft. Dort trennen sich Roosevelts Jagdgenossen von ihm, und er allein nimmt es auf sich, die drei Schelme dem Gerichte zuzuführen. Er setzt sie in einen Wagen, den ein fremder Kutscher lenkt. Erst unterwegs fällt es ihm ein, dass er nun statt dreier Leute vier zu bewachen hat. Aber unverdrossen und beherzt geht er mit seinem Winchestergewehr im Arm hinter dem Karren drein. Böses Wetter und schlechte Wege, und auch bei Nacht kein Auge zugetan. Bis er endlich nach sechsunddreißig Stunden in Dickinson eintrifft und dem Sheriff die drei Gefangenen ausliefern kann. Nach den Gesetzen des Staates Dakota bekam er für diese Leistung als Deputy-Sheriff fünfzig Dollar bar auf die Hand. Ist es nicht der Polizeichef und Gouverneur von New York, der schon im Deputy-Sheriff von Dakota seine energischen Züge erkennen lässt?

Und noch viel weiß er zu erzählen, vom Sommer und vom Winter, von aufregenden Jagden, von der großen Herdenschau, zu der man die Rinder und Pferde aus weiter Ferne zusammentreibt von wilden, wunderlichen und guten Gesellen, von der Poesie dieser unwirtlichen Berge und Täler. Immer lieber wird uns der Mann, der für diese Dinge Augen hatte und sie in aller Einfachheit so zu schildern versteht.

Das Weideland im Westen, erzählt uns Roosevelt, erstreckt sich vom Norden, vom englischen Amerika, bis nach Mexiko im Süden quer durch die Mitte der Vereinigten Staaten und umfasst Neumexiko, einen Teil von Arizona, Colorado, Wyoming, Montana, den westlichen Teil von Texas, Kansas, Nebraska, Dakota. Ein ungeheures Gebiet; man sieht auf der Landkarte, welches Stück der Vereinigten Staaten das ist. Und auf diesem gewaltigen Territorium herrschen noch jugendliche Zustände wie in früheren Tagen. Wir in Europa machen uns, glaube ich, noch ganz alberne Vorstellungen von Amerika. In den letzten zehn Jahren dürfte sich bei uns der Übergang von einem Irrtum in den anderen vollzogen haben. Während früher die Lederstrumpfgeschichten und Bret Hartes Goldgräberromantik nachklangen, Urwald und Prärien in unserer Vorstellung rauschten, denken wir uns jetzt eine glänzende, von Luxus triefende Zivilisation jenseits des großen Wassers. Der gewöhnliche festländische Europäer sah früher Amerika hauptsächlich als den Zufluchtsort ungetreuer Kassierer an. Jetzt gilt es ihm als die Gegend, in der die Milliardäre wild wachsen. Dieweil wir aber in genügsamer Borniertheit wichtigste Erscheinungen unerkannt an uns vorüberstreichen lassen, sie allenfalls belachen wie etwas Komisches, entwickelt sich dort in täglichem Wachstum eine Macht, der die Weltherrschaft winkt. Sie haben die Kraft von Barbaren und die Verfeinerung der neuesten Fortschritte, sie haben wenig Vorurteile und keine Erblasten. Sie leben in manchen Dingen wie am Anfang der Zeiten, und es sind ihnen doch die kompliziertesten Verkehrsformen geläufig. Der Wilde, der mit Pfeil und Bogen jagte, war sicherlich gewandter, weiterblickend, kühner, stärker als der Mann mit dem Repetiergewehr. Die Amerikaner, die Theodore Roosevelt so merkwürdig und mächtig repräsentiert, scheinen beides zu verbinden, die persönliche Tüchtigkeit von Wilden und den Besitz und Gebrauch der besten Werkzeuge. An den Anfang der Zeiten erinnert einiges in den schlichten Abenteuern dieses Viehzüchters, Jägers und Präsidenten. Aber von Büchern kam er her, und zu größeren Welthändeln ging er hin. Wir müssen über ihn noch eine Weile nachsinnen, nachdem wir sein treuherziges Buch aus der Hand gelegt haben. So sehen vielleicht die Männer aus, die fähig und lustig sind, eine müde, schlechte, alte, im Unrecht verkommende Welt zu erneuern.

Aus Neue Freie Presse, 12. Juli 1903

* *Sadi Carnot:* französischer Politiker (1837–1894), lehnte die Begnadigung des Anarchisten Vaillant ab, worüber Herzl als Korrespondent in Paris ausführlich berichtete. Er fiel einem Attentat zum Opfer.

Klondyke
(1897)

Das Wort ist so neu, dass wir noch gar nicht wissen, wie sie es drüben aussprechen; vermutlich Klonndeik. Bis vor zwei Monaten war es allen Menschen, mit Ausnahme der Bewohner von Alaska im nördlichen Teile Amerikas, unbekannt. Heute ist es ein Zwangswort, das sich hundert Millionen Menschen unaufhörlich auf die Lippen drängt. Was bedeutet denn dieses fremdartige Wort? Der Klondyke ist ein Fluss, ein Nebenfluss des Yukon, und in der Sprache der Indianer besagt »Klondyke«: viele Fische. Aber der Fischreichtum dieses Gebirgswassers ist es nicht, der einen ganzen Weltteil in fiebernde Aufregung versetzt. Im Klondyke wird Gold gefunden!

Es gibt magische Formeln. Die klugen Leute, denen es am Verständnis des ewig Kindlichen in der Menschenseele gebricht, verbannen freilich solche Annahmen in das Märchen. Aber was ist es sonst als eine magische Formel, das Wort, das Menschen und deren Zustände verwandelt, Berge versetzt und Täler ausfüllt und den Strömen einen andern Lauf gibt. Als diese Kunde im tiefen Draht durch das Weltmeer herüberzitterte, da weckte sie ein paar alte Redensarten, alt wie die Erscheinung, um die es sich handelt. Am Golde hängt, nach Golde drängt doch alles. Aber warum hängt und wie drängt alles danach? Siehe, es sind die mächtigsten Fragen, die es wachruft. Denn das Gold ist der Wachrufer, der Erreger auch von Gedanken, in denen nicht Gewinnsucht liegt, gleichwie es ungeahnte Kulturen stiftet durch die bloße Nachricht von seinem Vorhandensein.

Wahrlich, es ist eine geringe oder heuchlerische Betrachtung, die in der Bewegung goldwärts nur die Habgier erblickt. Viel anderes steckt noch darin. Klondyke, der goldene Fluss, führt noch gar manches in seinen Wellen, was aus dem Stromsande herauszuwaschen ist, Edles und Unedles – viele Fische, wie die Indianer sagen. An diesem Rennen nach Alaska nehmen ja nicht nur plumpe Bergleute und verzweifelte Abenteurer teil, sondern auch höhere Menschen, ja auf einem der ersten Argonautenschiffe, die von San Francisco nach dem Norden gingen, befindet sich auch ein leibhaftiger Poet, Mr. Joaquin Miller, und er will aus dem arktischen Kolchis das Goldene Vlies der Dichtung heimbringen. Welch ein sinnreicher Poet ist das; er zeigt es schon durch seine Reise nach den unerforschten Gefahren, denn an den Ufern jenes neuen Stromes wird unendlich viel vom Menschen zu sehen sein. Der Dichter errät, dass an dem Orte, der vor kurzem nur wenigen armen, streifenden, kümmerlich jagenden Indianern bekannt war, demnächst ein Gedränge von Menschlichkeiten entstehen wird, dass auf dem elenden unfruchtbaren Boden plötzlich unsere ganze gegenwärtige Kultur üppig aufschießen muss, und das wird ein Anblick für Poeten sein. Aus den Wellen wird sich etwas heben, schaumgeboren, zum Entzücken, und das will ein schönheitsliebendes Auge entstehen sehen.

Es gibt im römischen Recht ein anmutiges Wort, das steht auch nur in der Erörterung einer Eigentumsfrage, klingt aber wie aus einem Gedicht. »Insula in flumine nata« heißt es, und ist selbst eine duftende Insel im Fluss der Rechtsausdrücke. Wem gehört die Insel, die im Fluss entstand? Die nach dem Eigentum trachten, werden listig, wenn nicht gewaltsam das Niemandsgut okkupieren oder mit ihren Rechtstiteln in aller Hast zum Prätor laufen. Aber am Ufer steht der Dichter und begnügt sich mit dem Wunder, dass eine neue Insel entstand. Und dem gehört die Anadyomene ganz.

Sehen wir das nicht zu lyrisch an? Ist das nicht ein recht gemeiner Vorgang? Ein paar verlorene Kerle fern droben am eisigsten Ende der Zivilisation sind durch Zufall auf Goldklumpen gestoßen, haben zusammengerafft, was ihre Arme tragen konnten, und sind damit herabgetaumelt in die Freuden-, Spiel- und Branntweinhäuser. Die Kunde davon hat sich jäh im Lande, im ganzen Weltteile verbreitet; andere Burschen, die auch keinen Schuss Pulver wert sind, haben sich auf die Beine gemacht, um das gleiche brutale Abenteuer zu bestehen. Das war doch, seit Menschen sich besinnen, wiederholt da. Noch leben die Leute, die den Kalifornienrummel mitansahen. Transvaal war gestern. Dennoch ist an der Klondyke-Bewegung alles fesselnd, das Alte sowohl wie das Neue.

Das Alte: Das ist die Aufregung, welche die Menschen schüttelt, wenn von Goldfunden die Rede ist. Da stehen sie auf, lassen Arbeit oder Müßiggang und laufen in der Richtung, wo das Gold sein soll. Aber das ist kein Wahnsinn, es ergibt sich vollkommen vernünftig aus allen Prämissen des Lebens. Törichter sind diejenigen, die sich in einem naiven Zorn gegen den Goldkultus auflehnen. Das Gold ist nur eine merkwürdige Abstraktion aus vielen Dingen. Wenn ein armer Lump das Fieber kriegt beim Anblick des Goldes, so ist es, weil eine Menge von Erinnerungen und Hoffnungen stürmisch in ihm aufsteigt. Die bemalten Wilden am Yukonstrome, die jahrhundertelang achtlos an dem gelben Metall vorüberschweiften, sind darum noch keine besseren Menschen; sie wissen nur nicht. Sie wissen nicht, dass diese glitzernden Klümpchen Macht und Genüsse enthalten. Das Gold ist das Ende der Entbehrungen, das weiche Daunenbett statt der Holzpritsche im Massenquartier, der Braten, nachdem man kein Stück Brot hatte, es ist der warme ungeflickte Rock, der Rausch aus kostbaren Getränken, und es ist weiter der Kuss lieblicher Frauen, der Verkehr mit angenehm hochmütigen Leuten, die gestern an einem stolz vorüberfuhren, und es ist weiter der Frühling im Winter an der Riviera und der kühle Sommer im Hochgebirge, es ist die sorgsame Pflege und ein Altern im feinen Genusse der Künste. Es ist endlich – und da erst tritt der Zorn in sein ehrliches Recht –, es ist auch die allgemeine Achtung und die Gewalt über den Willen anderer.

Wenn wir nun in den Ankündigungen der amerikanischen Blätter den Ruf »Ho! For Alaska« lesen, so ist das nur eine prächtige Abbreviatur für alle diese Erwägungen, die jeder in sich hat. »Ho! For Alaska«, das heißt: Auf, auf! Zum Daunenbett, zum Braten, zum ganzen Rock, zum Rausch, zu schönen

Weibern, zur guten Gesellschaft, zu allen Wonnen, zu jeder Ehre! Da eilen sie zitternd vor Begierden herbei. Was muss man tun, um das alles zu haben? Nur morden, oder auch rauben, Gräber schänden? Nein, man braucht nur nach Klondyke zu gehen – es ist freilich ein böser Weg dahin – dort liegt das alles zum Zugreifen auf der Erde. Was, böser Weg? Schon haben sie sich ohne Besinnen aufgemacht. Es ist, als hätten sie auf den Ruf »Ho! For Alaska« schon Zeit ihres Lebens gewartet. Denn die Menschen erziehen einander für Klondyke.

Die amerikanischen Blätter muss man jetzt lesen. Sie sind voll von Legenden, wahren Berichten, gelehrten Untersuchungen, anziehenden Bildern und Inseraten – nichts als »Ho! For Alaska«. Der Stil der transatlantischen Zeitungen ist ja immer eine Erquickung; er ist viel robuster und lärmender als der unsere. Der Kampf ums Leben, der durch die Straßen ihrer jungen Städte rast, hat einen Widerhall in den Spalten der riesigen Zeitungen. Alles ist da großartig, auch die Geschmacklosigkeiten, und wahrhaft erstaunlich ist ihre Eile. Jeder Amerikaner will irgendwo als Erster anlangen. Keine kümmerliche Konkurrenz, sondern weit ausgreifende Okkupation neuer Gebiete. Das ist der Grundzug, und es ist sicherlich ein Zug zur Größe. Dem Nachbarn den Bissen Brot wegschnappen? Ach was, lieber neues Brot, und auf, auf zur Einnahme frischer Territorien, Amerika ist groß genug. Und während wir intensiv verarmen, bereichern sie sich extensiv. In der Subskriptionseinladung einer der Goldgesellschaften, die in den letzten Wochen aus der Erde schossen, steht ein typisches Wort: »We will be the first in the field, and will land the first companies in the Klondyke district from 30 to 60 days before any other company or syndicate of men can reach there.« Jawohl, zuerst da sein ist alles. Der Europäer strebt dahin, wo schon andere sind, der Amerikaner dahin, wo noch niemand ist. Es ist darin ganz einfach der Unterschied zweier Welten. Um dreißig oder sechzig Tage, um eine Stunde, um eine Minute früher da sein als die anderen, das ist das Problem des neuweltlichen Lebens. Da begreift man die Entstehung des Wortes von der Zeit, die Geld ist. Und es handelt sich nicht allein um das Ergreifen des herrenlosen Grundstückes. Wer zuerst im Felde ist, nimmt sich selbstverständlich das Beste. Ein »Claim«, eine Parzelle von etwa fünfhundert Fuß am Ufer, kann sich jeder nehmen gegen die gesetzlichen Abgaben. Die Res nullius gerät ins Eigentum. Bald ist alles vergriffen. Ist dann die Bewegung zu Ende? Nein, sie beginnt erst recht. Dann geht die Wette nicht mehr darum, wer der erste Goldgräber ist, sondern der erste Mineningenieur und Chemiker, der erste Bäcker, der erste Schneider, Schuster, Wirt, Schmied, Waffenhändler, Apotheker, Arzt, Journalist, Baumeister, Advokat und Tabakkrämer. Immer nur der Erste im Felde sein, bevor die anderen herankeuchen. Und das Bedürfnis wächst mit den Massen. Schon hat sich ein Markt gebildet, und die Spekulation taucht auf, das ist das Erraten der morgigen Not, der Ausgleich der Preise, die Herstellung des Niveaus mit dem übrigen Weltverkehr. Bahnen müssen gebaut, Drähte gelegt, alle Arbeitsmittel herbeigeschafft werden, natürlich die neuesten, besten, sinnreichen. Man erfindet in Klondyke mehr, als man findet. Sie brauchen Dynamit zum Sprengen des Gesteins und Mörser zum Zermahlen von goldhältigem Quarz sowie Ziegel und Eisen für die Häuser. Fabriken fliegen auf, eine Produktion in den jüngsten Formen beginnt zu rasen, alles rasch und groß. Am Klondyke ist eine Bevölkerung versammelt, zuerst von Männern, dann von Weibern, dann von Kindern. Und das will in Bethäuser, es müssen Seelsorger kommen. Das braucht Schulen, herbei die Lehrer. Und der Einzelwille muss gebändigt werden, Gesetz und Recht heran mit ihren Dienern. Für Wege, Brücken und jedes allgemeine Bedürfnis die Steuern mit deren Verwaltern. Für Ordnung und Eigentum die Wachen. Alaska war mit alledem bisher nicht versehen, Alaska genügt überhaupt nicht mehr. Das Volk vom Klondyke hat eigene Interessen, es lässt sich nicht von außen her regieren, selbständig will es sein, jawohl: ein Staat! Noch ein Stern auf dem Banner der Union. Das ist das letzte Wort. Insula in flumine nata. Und wenn der Staat da ist, dann sorgt er für sich und seine Leute und deren kommende Geschlechter weiter. Dies alles ist aber kein müßiges Hirngespinst. So begibt es sich wirklich in diesen Tagen. Die Blätter melden aus Sioux City unterm 31. Juli: »Eine planmäßige Bewegung hat begonnen, um Alaska in Territorien zu teilen. Die Petition wird dem Kongress durch Vertreter von Iowa und Minnesota unterbreitet werden. Die Grenzlinie soll von der Bristol Bai nördlich bis Kormakow gezogen werden, östlich bis zur kanadischen Grenze unter dem 62. Grad nördlicher Breite. Und da die Northwestern Transportation Company hinter der Sache steckt – soll James E. Booge als Gouverneur kandidiert werden.« Sie haben sogar schon einen Gouverneur aufgestellt, James E. Booge wird schon »geboomt«, wie es im Rotwelsch der amerikanischen Politiker heißt.

Klingt das nicht wie ein Märchen? Wer es vor drei Monaten mit solchen einfachen, aus dem Leben geschöpften Worten gesagt hätte, wäre vom Gevatter Krämer in der engen Gasse ein hirnverbrannter Tropf gescholten worden. Gevatter Krämer urteilt streng über Dinge, die er nicht gesehen hat oder nicht mit seiner Elle messen kann, also über die meisten Dinge. Und doch sind es Tatsachen, vor denen er sich schließlich ehrerbietig beugt, wenn sie gemünzt auf seinem Ladentische klingen.

Gold werde doch gleich verstanden, sollte man meinen. Auch nicht. Vorerst meldet sich das Misstrauen, der satte Spott. In dieser jungen Geschichte von Klondyke ist eine Fülle merkwürdiger Züge. Erinnert es nicht an die erste Leidenszeit aller neuen Gedanken, wenn die Goldbotschaft anfangs mit wieherndem Unglauben aufgenommen wurde? Und es handelte sich doch um greifbares, einleuchtendes Gold. Heuer im Frühling kehrten die ersten Reichgewordenen vom Yukonstrome zurück. Ein Blatt berichtet lakonisch, wie es dabei zuging. North-Tonawanda war der Ort, wo man am frühesten vom Goldlande erfuhr. Im April kam ein Mann namens C. F. Leavenworth nach Tonawanda und kehrte im »Hotel Sheldon« ein. Es traf sich, dass Pierce, der Wirt, sein Jugendfreund war. Sie hatten einander seit dreiunddreißig Jahren nicht gesehen. Die Freundschaft lebte offenbar auf, als Pierce bemerkte, dass sein Gast eine dicke Geldkatze hatte. Am zweiten Tage begann Leavenworth zu erzählen. Man baut sich unwillkürlich aus dem kleinen Zeitungsberichte die ganze Szene auf; man sieht ordentlich die Flasche Old Irish Whiskey, bei der sich das begab. Leavenworth gestand, dass er ein reicher Mann sei. Die ersten einunddreißig Jahre seit ihrer Trennung sei es nicht gerade gut gegangen – »viel in der Welt herumgeschlagen, Pierce, mein alter Junge. Endlich nach Alaska geraten, auch kein Genuss; die Finger friert es einem dort weg, und so viel Gin gibt es gar nicht, wie man trinken möchte. Aber dafür Gold, Pierce, Massen, du brauchst dich nur zu bücken.«

Pierce habe jedoch seinen Jugendfreund bekümmert angeschaut, heißt es, und vielleicht hätte er ihn aus dem »Hotel Sheldon« hinausgeworfen, wenn der alte Bursche nicht doch im Besitze der Barmittel gewesen wäre, die zur Erhaltung von Jugendfreundschaften so viel beitragen. Nur als Leavenworth auch vor anderen die verrückte Geschichte von Gold in Alaska auszukramen anfing, da gab ihm Pierce einen biederen Rippenstoß, er möge sich doch nicht vor all den Männern blamieren. Kurz, in North-Tonawanda hielten sie den alten Burschen für gänzlich übergeschnappt. Da kam Colin McIntosh aus Tacoma, Washington, in die Stadt. Colin McIntosh war nämlich C. F. Leavenworths Kamerad und Claimgenosse, brachte auch seine geschwollene Geldkatze und sonst noch einen Haufen Goldes in Staub und Barren. Die Sache wurde ernst. Colin McIntosh schwor Stein und Bein, dass jedes Wort aus Leavenworths nasser Gurgel wahr sei. Da ließ vielleicht der oder jener sein Glas Brandy halbvoll auf der Barplatte stehen – was, seit man in Tonawanda Durst hat, nicht vorgekommen sein mag – und ging nachdenklich zur Tür hinaus, und als er um die Ecke war, fing er an zu laufen, in einem Atem bis hinauf nach Alaska. War es nicht Pierce selber, der den Stehschank und seine Gäste und deren Schulden verließ und fortrannte, ohne das Haustor zu verschließen, um der Erste auf dem Felde zu sein?

Andere Berichte melden, dass die Leute an manchen Orten Haus und Hof verlassen und nach Alaska stürmen. Der »Rush«

hat begonnen. Indessen schleicht die Kunde noch immer langsam nach Süden. Wer sie vernahm, hat ja Klügeres zu tun, als die Welt davon zu verständigen. Je weniger Menschen darum wissen, desto größer der Vorsprung. Bis Juni bleibt die Sache nahezu geheim. Es ist wie eine gut behütete Verschwörung, Jeder schweigt, als ob es um sein Leben ginge. Nur Leavenworth, McIntosh und noch einige ihresgleichen entfernen sich behaglich vom Polarkreis, um einmal einen Sommer ohne Frostbeulen zu verbringen. Sie fahren im Pullman Car, prahlen gutherzig vor jedem, der es hören will, mit ihrem Reichtume. Plötzlich steht es in einer Zeitung, die übrigen drucken es nach – zunächst ungläubig wie Pierce, der schon weit ist – und dann mit Überzeugung, endlich in fieberhafter Erregung. Es wird hinausgekabelt an die vier Enden der bewohnten Erde. Über Nacht ist der Rush allgemein, obwohl man gleichzeitig erfährt, mit welchen Gefahren und Mühen der Argonautenzug verbunden ist. Man kann überhaupt nur im Hochsommer die Reise antreten, denn Alaska liegt am Behringmeer. Ende August frieren alle Wasserwege zu, es kann vor dem nächsten Frühjahr niemand mehr hinein oder heraus. Aber das ist nur ein Sporn mehr, sich zu beeilen. »Ho! For Alaska«. Sämtliche Schiffsplätze für den Rest des Sommers sind augenblicklich vergriffen. Da werden neue Schiffsgesellschaften in aller Eile gegründet, auch andere Kompanien. Rasch ist die Einsicht durchgedrungen, dass der Einzelne nichts mehr ausrichten kann, folglich Verbindung der Kräfte. Das Leavenworth'sche Zeitalter ist für Klondyke schon vorbei. Im Rush, der jetzt wütet, können nur noch organisierte Gruppen vorwärts kommen. Die Bewegung ist durch und durch modern, bedient sich unverzüglich der höchsten Verkehrsformen, die noch im Transvaal nicht gleich bei der Hand waren. Die Hauptschwierigkeit ist die Verpflegung. Lebensmittel gibt es in dieser arktischen Gegend nicht, jeder muss sich seinen Proviant für die drei Vierteljahre der eisigen und goldenen Gefangenschaft mitnehmen. Das macht einige hundert Pfund Gepäck. Natürlich gibt es auch genug Verzweifelte, die mit der leeren Hand ausziehen, zu erobern oder zu verderben; doch die meisten der Klondyke-Pilger sind für die Polarfahrt ausgerüstet, aus der eigenen Tasche oder als Sendlinge der Aktiengesellschaften. Zwei Wege führen nach dem Goldlande, der leichtere zur See in fünfzehn Tagen von San Francisco nach St. Michael an der Yukonmündung, von da den Fluss hinauf in zwanzig Tagen nach Dawson City. Die Schiffsgesellschaft, die auf dem Yukon das Monopol hat, gestattet dem Passagier nur 150 Pfund Gepäck, und er braucht das Sechs- oder Achtfache. Die Gesellschaft bringt nämlich selbst die Lebensmittel nach Dawson City, die Goldsucher sollen ihr ausgeliefert sein. Darum geht die Mehrzahl über das Quellgebiet des Yukon nach Dawson City, und das ist ein mörderischer Weg. Er führt über den Chilkoot-Pass, auf dem die grimmigsten Schneestürme wüten. Der Pass ist nur 23 englische Meilen lang, dennoch braucht man oft drei bis vier Wochen, um hinüberzukommen. Es ist ein steiler, enger Felsenweg an Abgründen, und das ganze Gepäck muss in mehrfacher Wanderung stückweise hinübergeschafft werden. Das sind die ersten Gräber der Goldsucher, und jenseits des Chilkoot-Passes stehen noch mehr der Leichensteine. We will be the first in the field, im Leichenfeld. Nach Klondyke zog schon mancher sterben. Es ist das goldene Tor zum Leben wie zum Tode. Das Leben eingesetzt, um das Leben zu gewinnen. Das wilde Spiel schreckt keinen, der nach Klondyke will, ja das ist vielleicht der höchste Reiz für entschlossene Gesellen. Und ist man mit heiler Haut jenseits von Chilkoot angelangt, so beginnen erst die Miseren des Goldes. Ein Arbeiten der Verzweiflung im arktischen Frost, und niemand weiß vorher, ob es die Mühe lohnen wird. Aber das ist ja die gewaltige Anregung: das Unbestimmte! Das macht die Massen träumen, das gibt ihnen Kraft, Unsägliches zu ertragen, das lehrt sie auch in der Freiheit arbeiten. Gearbeitet muss auch in Klondyke werden; die das beim Auszuge nicht wussten, erfahren es später. Aber dann sind sie schon herausgerissen aus dem trägen Elend, aus der Hoffnungslosigkeit ihrer bisherigen Tage. Und sie werden neue Menschen.

Das alles vollzieht sich freilich im Unbewussten. Kein

führender Wille hat das Klondyke-Wort in die Massen geschleudert, um die Bedingungen ihres Lebens und damit sie selbst zu ändern. Die Goldnachricht erscholl und sie brachte ihre gewohnten Wirkungen hervor, sie wird ein leeres Land mit allem Zauber, auch mit allem Unrat der Kultur bedecken. Aber des Guten ist mehr, es geht immer hinauf. Wieder ist die Welt mit einem Ruck größer und reicher geworden. Heute ist Gold da, morgen wird es erschöpft sein; da müssen sie weitergraben, und sie werden andere Erze finden. Wo Menschen sind, da wird alles gefunden, endlich und besonders das edelste der Erze: die Arbeit. Sehen wir nun, was Klondyke ist? Ein Ziel für Menschen. Was sie suchen, ist im Grunde gleichgültig, wenn sie nur suchen. Im Streben ist das Gold enthalten.

Und wenn wir es recht verstehen, ist man nie anderswohin gegangen als nach Klondyke. Nomaden, die nach fetteren Weiden ausschweiften; Phöniker, die über das purpurne Meer nach immer neuen Küsten abenteuerten: Rom selber, das nach der Ultima Thule strebte – lauter Klondyke-Züge. »Inveniuntur ibi margaritae!« Thule ist längst ein Mittelpunkt unendlicher Macht und Kultur geworden. Bis sich von Britannien wieder neue Verzweifelte ablösten, die auf der Mayflower wohl über das Weltmeer zogen nach dem Klondyke der Freiheit, das heute Amerika heißt.

Aus Neue Freie Presse, 12. September 1897

Japanisch
(1902)

Eine japanische Schauspielerin zieht mit ihrer Truppe durch die Welt. Sie tauchte vor den Menschen der weißen Rasse zuerst in Paris auf dem allgemeinen Jahrmarkte auf, den sie Weltausstellung heißen. Dort gab sie ihre Künste in der Bude einer Tänzerin zum Besten am Rande der ernsten Dinge, in jener etwas schmählichen, lustigen und lasterhaften Freudengasse. Wer schon viele Bauchtänze gesehen hatte oder aus anderen Gründen der Tugend anhing, der schritt wohl gleichgültig an der Hütte Sada Yakkos vorüber: noch eine Geisha! Aber in dieser verachteten Hütte wurde damals ein Ruhm geboren, und während die bunte Kosmopolis der Eintagspaläste zerfallen, die sinnreichen Riesenmaschinen ins alte Eisen gewandert und die Reden vom Völkerfrieden, vom Feste der Arbeit ins Leere verhallt sind, flattert der Ruf der Japanerin noch weiter, wie ein kleiner Schmetterling über Ruinen. Sodass ein Geschichtsphilosoph mit leicht betrübtem Blicke die Vermutung aussprechen könnte, die Weltausstellung von 1900 sei nur veranstaltet worden, um Sada Yakko zu lancieren.

Die Wege der Bildung sind eigentlich noch immer odysseisch. Wer die Stätten vieler Menschen kennen und ihren Sinn erfahren will, muss sich viel umherschlendern lassen, gleich dem großen Dulder. Lernen ist, ach, von Prügeln unzertrennlich, und es geht darin den Massen, den Völkern nicht besser als dem einzelnen Jungen in der Schule, dem die Hose straffgezogen wird. Die Geografie, zum Beispiel, wird mithilfe von Kriegen, wirtschaftlichen Krisen und anderen Unglücksfällen den studierenden Völkern beigebracht. Not lehrt in der Zeit, die vom Beten übrig bleibt, auch alles Übrige. Darum ist es hübsch, wie ein Maiausflug, wenn uns das Lernen einmal vergnüglich wird. Vom Theater weg, auf dem sich ein fremder

Schauspielerschwarm zeigt, wandelt unser Sinn ins Weite. Siehe, dort in einem recht märchenfernen Osten, wo die Sonne ewig aufzugehen scheint, regen sich Gestalten menschlich, wenn auch ein wenig seltsam. Das Wunderbarste ist, dass sie plötzlich die Fähigkeit verraten, in unseren Verkehr einzutreten – und schon sind sie mitten unter uns, ringen mit uns, wetteifern mit uns, übertreffen uns vielleicht. All dies geschieht in Eile, in der richtigen Eile unserer Tage, die ja etwas Zauberisches an sich hat. Wenn man, wie ich behaupte, den modernen Menschen an seinem Verhältnisse zu den Verkehrsmitteln erkennt, so sind die Japaner jedenfalls keine Schläfer. Sie sind vor etlichen dreißig Jahren mit einem Ruck aufgewacht und seitdem sind sie munter.

Wir armen Binnenländer denken bei Japan wohl hauptsächlich an einige alte Reiseberichte, an die Erzählungen vom Harakiri, das ein Ehrenvorrecht der Edelleute war – denn nur wahrhaft vornehme Bäuche wurden so geschlitzt –, wir denken an Papierfächer und Schirme, an bunte Laternen, hässliche Bronzen, an glänzende Lackkästchen mit dem Umriss von unwahrscheinlichen Menschen- und Tierfiguren. Wenn wir uns an der Literatur gerieben haben, denken wir vielleicht auch an Messieurs de Goncourt, die zwei Poeten und Edelsammler, deren Hände die gebrechliche Schönheit japanischer Kunstschätzchen vor der Zeit liebkosten, in einem gleichsam verfrühten Verhältnisse. Und endlich oder vor allem summen uns einige Lieder aus englischen Singspielen der letzten Jahre in den Ohren. Diese Vorstellung von Japan mag ungefähr denselben Wert haben wie eine Kenntnis des jetzigen Wien, die auf einigen Steindruckbildern und Volksliedern vom Prater der vierziger Jahre beruhte. Es gibt ein anderes Japan, das weniger Farben aufweist, aber vielleicht verblüffender ist: ein Japan, das vor vierzig Jahren noch nicht da war und heute bereits eine fast europäische Großmacht ist. Die Entstehung dieses Japan mit seinen neuen Nähr-, Lehr- und Wehrmittel gehört sicherlich zu den größten der unbemerkt gebliebenen Vorgänge unserer Zeit. Als sie die Chinesen rasch und leicht niederwarfen, flog die erste Ahnung des Gewordenen über Europa hin. Aber darum konnten sie immer noch Barbaren sein; die Barbaren sind ja tüchtig, unermüdlich sogar im Vertilgen des Feindes. Später, als die vereinigten zivilisierten Mächte den Rachezug wider China unternahmen, waren die flinken, gelblichen Bataillone auch wieder mit, und auch diesmal töteten sie gelbe Chinesen im Namen der Zivilisation und des Fortschrittes. Man muss sich nachgerade gewöhnen, die Japaner als ebensolche Kulturmenschen anzusehen, wie wir selbst es sind.

Eine Überraschung ist das freilich nur für den, der die Japaner in den letzten fünfzehn oder zwanzig Jahren nicht in Europa wahrgenommen hat. Zur selben Zeit, als man in unserem alten beschränkten Weltteil anfing, die abgetanen japanischen Moden hübsch zu finden, als die schweren Goldstörche des Mikado, die Klappfächer der Geisha und all die netten Sächelchen zu uns gelangten, kamen auch die Herren selbst herüber. Man schenkte ihnen nicht viel Aufmerksamkeit. Sie sahen ein bisschen hässlich und gar nicht märchenhaft aus. Sie trugen gewöhnliche, schlecht sitzende europäische Kleider und schoben sich unauffällig durch das Gewühl der großen Städte. Sie saßen still in den Hörsälen der Hochschulen, besuchten fleißig die Exerzierplätze und Waffenfabriken, lernten alle Industrien gründlich kennen, erforschten Handel und Schifffahrt. Man gewöhnte sich an den Anblick dieser lautlosen, kümmerlich dreinblickenden Fremdlinge. Nie hat Europa und wohl auch Amerika aufmerksamere Gäste gehabt. Selbst in Paris, wo die Rastaquouères* lebendig zu werden pflegen, sieht man die Japaner ihren unverbrüchlichen Ernst bewahren. Vielleicht hat es eine anthropologisch drollige Erklärung: Die weißen Frauen gefallen ihnen nicht. Vielleicht aber hat es einen größeren Grund: sie verlassen ihre Insel nicht einer Unterhaltung wegen, sondern um zu lernen. Sieht man den ungeheuren Kulturweg, den sie in dreieinhalb Jahrzehnten zurückgelegt haben, so möchte man zu der letzteren Auffassung neigen. Es gibt eine merkwürdige Ziffer. Etwa vierzigtausend Japaner halten sich jahraus, jahrein zu Studienzwecken außerhalb der Heimat auf.

Das ist ein Tausendstel der Bevölkerung. Und was sie in der Schule der Kulturvölker lernen, das zeigt ihr Krieg, aber auch ihr Friede.

Für das, was in Japan seit dem Jahre 1868 geschehen ist, für diese plötzlich eingetretene Mündigkeit eines Volkes von vierzig Millionen Menschen, gibt es eigentlich kein Beispiel in der Geschichte. Politische und ökonomische Umwälzungen, die in Europa und dem entdeckten Amerika sich auf etwa vier Jahrhunderte verteilten, haben in Japan in unserer eigenen Lebenszeit stattgefunden. Eine ganz neue Gesellschaft hat sich plötzlich erhoben, ohne Übergang, ohne historische Entwicklung. Eine ideale Gesellschaft ist es nicht, das sieht man auf den ersten Blick, denn sie haben die europäische abgeklatscht, mit allen Druckfehlern. Aber die Geschwindigkeit der Nachahmung ist das Außerordentliche.

Eine Kultur ist es, die von vierzigtausend Einkäufern in allen Ländern bestellt und, in Ballen verpackt, bezogen wird. Die Form, in der Europa nach Asien kommt, ist die Japanisierung, das lässt sich heute schon deutlich erkennen.

Doch nicht an diese eisernen und blutigen Japanismen der Zukunft sollen wir im Theater denken, sondern an ein amüsantes und wildes Japan der Vergangenheit. Wer weiß, im nächsten Jahre spielen sie vielleicht auch in Tokyo schon die fröhlichen Ehebrüche des Palais Royal oder »Das weiße Rössel«. Sie machen dort so überraschende Fortschritte.

Vorläufig haben sie allerdings noch einen Eigenbau von altertümlich gruseliger und in ihrer Art lieblicher Kunst. Es ist keine Schande zu gestehen, dass man sie nicht kennt. Nur der Zufall spielte mir unlängst ein Buch japanischer Dramen in die Hand. Es ist die deutsche Ausgabe zweier, wie der Übersetzer Herr Florenz versichert, berühmter Theaterstücke. Das eine heißt »Terakoya«, die Dorfschule, und das andere »Asagao«, dies ein Mädchenname. Die Ausstattung des Buches ist reizend, ein wahrer Leckerbissen für den Bücherfeinschmecker. Das gerippte, tuchweiche, unzerreißbare Papier, der wie hingetuschte Druck, der farbige Aquarellduft der Illustrationen, das alles ist nicht in unserem Tal geboren. Mit zwei Beinstäbchen ist der Karton verschlossen, in dem das weiche Buch wie in einem Schuh steckt. Und gleich auf dem ersten Blatte begibt sich etwas Wunderbares. Da steht nämlich in guter Antiquaschrift und deutscher Sprache: »Druck, Illustrationen und Papier von T. Hasegawa, 10 Hryoshicho, Tokyo.« Als ob das gar nichts wäre, dass in der Ofstein* des wackeren Meisters Hasegawa in Tokyo ein deutsches Buch gedruckt wird, und wie sauber, wie richtig in jedem Beistrich, wie frei von Druckfehlern.

Aber lesen wir die »Dorfschule«. Es ist nur ein Akt des großen historischen Trauerspieles »Sugawara Denju Tenarai Kagani«. Für die Leser, die des Japanischen nicht kundig sind, will ich auch die Übersetzung beifügen: »Spiegel der vom Kanzler Sugawara überlieferten Schönschreibekunst«. Das unterscheidet sich allerdings einigermaßen von den bei uns üblichen Dramentiteln. »Der Spiegel der vom Kanzler Sugawara usw.« hat eine größere Anzahl von Akten, ich glaube, sechzehn. Man muss sie nicht alle ansehen oder lesen. Die Vorbedingungen des Aktes in der Dorfschule muss man jedoch kennen, um erschüttert zu sein. Das Drama spielt im 9. Jahrhundert. Damals lebte am kaiserlichen Hofe zu Kyoto der Dichter Sugawara. Er hatte hohen Rang, war Kanzler zur Rechten, das ist zweiter Kanzler. Im neuen Japan, das sie jetzt fabrizieren, würde man ihn wohl weniger poetisch Unterstaatssekretär nennen. Der eigentliche Hochreichskanzler war der Kanzler zur Linken. Sugawara war ein edler Mensch. Er tat seinen Landsleuten wohl, was ihre Vasallentreue, die ohnehin im alten feudalen Japan sehr bedeutend sein musste, noch ins Grenzenlose steigerte. Der Kanzler Sugawara hatte einen Pächter, dem eines Tages Drillinge geboren wurden. Sugawara übernahm die Patenstelle bei den drei Jungen und nannte sie nach seinen drei Lieblingsbäumen, nach der Pflaume (Uoe), der Kirsche (Sakura) und der Kiefer (Matsuo). Die Burschen wuchsen heran. Sugawara, der Kanzler, machte sie zu Rittern. Die zwei Ersten behielt er in seinem Dienste, den Dritten, Matsuo, den von der Kiefer, versorgte er beim ersten Kanzler. Aber es begab sich, dass Sugawara in einen Zwiespalt mit dem Kanzler zur Linken geriet. Der stärkere Kanzler besiegte und vertrieb den schwächeren. Der edle Sugawara wurde heimatlos und arm. Nun war die Gelegenheit gekommen, so sich die Lehenstreue der Baumsöhne zeigen sollte. Die Ritter von der Pflaume und von der Kirsche bewährten sich auch glänzend. Der zweite ließ sogar das Leben für seinen Lehensherrn. Nur der dritte, Matsuo, stand beim Kanzler zur Linken, dem er ja auch Treue gelobt hatte. Darum klagte der vertriebene Kanzler Sugawara seinen Schmerz in den nach der Aussage des Übersetzers berühmten Versen:

Es folgt durch die Luft mir der Pflaumenbaum,
Vertrocknet, verdörrt ist die Kirsche –
Soll in der Welt die Kiefer allein
Herzlos und treulos sein?

Nun ist zum Verständnis der folgenden Handlung noch die Angabe nötig, dass der vertriebene Kanzler Sugawara seinen achtjährigen Sohn im Lande zurücklassen musste. Dieses Söhnchen Shusai wird vor dem grausamen Kanzler zur Linken in einem Dorfe verborgen gehalten. Shusai gilt als der Sohn des Lehrers Genzo. Der Kanzler zur Linken erfährt davon, und da er sich vor der Rache des heranwachsenden Knaben fürchtet, gibt er Auftrag, das Kind zu töten.

Das Stück »Terakoya« beginnt mit einer lieblichen Szene. In der Dorfschule sind acht Knaben beisammen. Der Lehrer Genzo ist noch nicht da. Die Bübchen kauern vor ihren Schreibpulten, bemalen ihre Hefte mit den Tuschepinseln, bemalen sich auch gegenseitig die Nasen und Wangen. Acht Bübchen in Japan sind im Schulzimmer, wenn der Lehrer nicht da ist, ebenso lustig wie acht Bübchen anderswo in der Welt. Nun erscheint eine vornehme Dame, die einen neunten Knaben zur Schule bringt. Sie überbringt ihn der Frau des Lehrers und geht fort. Recht wehmutsvoll nimmt Chiyo, die Mutter des neuen Schülers, von diesem Abschied. Chiyo ist die Frau Matsuos, des undankbaren Ritters, und der neue kleine Schüler ist Matsuos Sohn. Jetzt kommt der Lehrer Genzo nach Hause und erzählt seiner Frau die entsetzliche Neuigkeit: Der Kanzler zur Linken habe Schergen ausgesendet, um das Söhnchen des vertriebenen Kanzlers zu töten. Gleich werden die Mörder da sein, Matsuo führe sie an. Der Lehrer ist entschlossen, ein anderes Kind anstelle des jungen Prinzen zu opfern. Aber wird man ihm eines dieser Bauernbübchen für das Prinzlein annehmen? Da hört er von dem neuen Schüler, der ein feiner Knabe sei, und sein Plan ist gefasst. Die Strafexpedition des linken Kanzlers trifft unter der Führung Matusos ein. Jammernd laufen die Väter von sieben Bübchen mit, weil sie schon im Dorfe erfahren haben, welcher Mord bevorstehe. Die Knaben sind in ein anderes Zimmer geschickt worden. Matsuo gestattet, dass jeder Vater seinen Knaben aufrufe und mitnehme. Sieben sind schon fort. Nun befiehlt Matsuo dem Lehrer, ins Nebenzimmer zu gehen und den kleinen Prinzen zu köpfen. Das abgeschlagene Haupt soll er in das Kästchen tun und hereinbringen. Der Lehrer entfernt sich und kommt nach einer grausigen Weile wieder. Er hat es vollbracht. In dem Kästchen befindet sich der Kopf von Matsuos Sohn. Und Matsuo hebt mit geschlossenen Augen den Deckel ab, dann schlägt er langsam, wie träumend, die Augen auf. Er betrachtet das tote Haupt seines Söhnchens mit unendlichem Schmerz, den er die Umstehenden nicht merken lässt. Zitternd berührt er das kleine Gesicht. Dann schließt er den Kopf in das Kästchen ein und schickt es in Vollendung seines Auftrages an den Kanzler zur Linken, indem er gleichzeitig um Entlassung aus dem Dienste bittet. Die Schergen sind fort, da kommt Chiyo, die Mutter des neuen Schülers, zurück. Genzo, der Lehrer, fällt sie mordbereit mit dem Schwerte an, weil er meint, sie komme, ihr Kind zu holen. Aber die jammernde Frau klärt ihn auf. Sie weiß, dass er ihren Knaben getötet hat, ja, sie hat das Kind zu diesem Zwecke gebracht. Mit Staunen und Grauen hört es der Lehrer. Der zurückkehrende Matsuo bestätigt es ihm. Ja, dieses Elternpaar hat sein eigenes Kind ans Messer geliefert, um den Prinzen zu retten. Und dies geschah aus Vasallentreue gegen den vertriebenen Kanzler. Auch die

Kiefer war also treu. Der geopferte Junge wusste es ebenfalls voraus, dass er für den Prinzen werde sterben müssen. Und nun weinen die trostlosen Eltern bitterlich, der Lehrer und sein Weib schluchzen mit ihnen. Aber das Prinzchen, das Prinzchen ist gerettet.

Dies also ist das berühmte Stück von der Dorfschule. Es kann als ein gutes Beispiel für die übermenschliche Grausamkeit des japanischen Theaters dienen. Solches Mittelalter im Geschmack und in den Sitten ist der jetzigen plötzlichen europäischen Kultur vorausgegangen. Eltern, die ihr eigenes Kind aus Lehenstreue ermorden lassen – es gibt Vorstellungen, bei denen einem das Blut in den Adern erstarrt. Und mit solchem Entsetzen spielt ein Theater.

Von dem anderen Meisterwerk »Asagao« ist nicht viel zu sagen. Ein Mädchen geht auf die Suche nach seinem Liebhaber, gerät in Fährlichkeiten, erlebt grelle Abenteuer, weint sich vor Verzweiflung blind, erlangt das Augenlicht wieder und wird nach tausend Schicksalen mit dem Geliebten vereinigt. Es ist einer der Wanderstoffe der Weltliteratur, hier mit Gesang, Tanz, Mord und allerlei Gräuel ausstaffiert.

Von ähnlicher Beschaffenheit sind auch die beiden Stücke, die Sada Yakko aufführte. In dem einen ist sie eine Geisha, die aus Verzweiflung über die Untreue ihres Ritters in einen wilden Raufhandel gerät und stirbt. In dem andern lässt sie sich nachts von ihrem Liebhaber ermorden, der kam, um ihren Gatten zu töten. Der Liebhaber sieht dann, wen er erstochen hat, und schlitzt sich aus Gram den Bauch auf. Diese grausigen Tode sind die Hauptsache, und was vorhergeht, Gesang, Tanz, Gaukelspiel, Räuberszenen, Zweikämpfe, Schlägereien, all das ist durchaus kindlich und grotesk. Diese Kunst ist uns ferner, fremder, unverständlicher als das Land, aus dem sie herkommt. Ein wenig hat uns der unbeschreibliche Text erheitert, der im Theater zur Erklärung der Bühnengeschehnisse verteilt wird. Der Verfasser der Erläuterungen zum Trauerspiele »Kesa« ist ein bedeutender Humorist, wenn man nach dieser Probe schließen darf: »Als Morito erfährt, dass die jetzt erwachsene

Kesa die Frau des Watarn geworden ist, wendet er sich zornig an die Mutter und droht ihr, wenn sie ihr Wort, ihm Kesa zur Frau zu geben, nicht halte, müsse er ihr zu seinem Bedauern das Leben nehmen. Er zieht sein Schwert aus der Scheide und will die Mutter durchbohren, als plötzlich Kesa hinzueilt, ihn von seinem Vorhaben abhält und ihn tröstet, indem sie sagt: Wenn sie meinen Mann Watarn getötet haben werden, dann will ich Sie heiraten.«

Und doch vergisst man die wüsten Fratzen, die Verzerrungen und Albernheiten jählings, wenn Sada Yakko und ihr Genosse Otojiro Kawakami sich anschicken zu sterben. Sie haben grauenhafte, unerhörte, widerliche, erschütternde Details. Man fühlt sich verletzt und abgestoßen und kann den Blick nicht von diesen zuckenden Gliedern, schäumenden Mundwinkeln, verdrehten Augäpfeln, verkrampften Fäusten abwenden. Nie sah man auf der Bühne scheußlicher und wahrer sterben, als es diese tragischen Clowns tun. Über ihre halb kindliche und halb barbarische Kunst muss man des Öfteren lachen – ihr Sterben ist kein Spaß.

Aus Neue Freie Presse, 2. Februar 1902

* *Rastaquouères:* literarischer Ausdruck für Hochstapler
* *Ofstein:* Steine, auf denen in Japan der Tee warm gehalten wird.

Japan
(1904)

In Europa und wohl auch in den Vereinigten Staaten beginnt man jetzt, sich einem eigentümlichen Irrtum hinzugeben: der Überschätzung der Japaner. Der Hass gegen Russland schwingt sehr deutlich darin mit. Man glaubt so gerne, was man wünscht. Und weil die Japaner zu dieser Stunde ohne Zweifel in der Mode sind, hört man so viele schönfarbene Urteile über sie. Die öffentliche Meinung im größten Teile der Welt ist für die Japaner, und so werden gefällige Schreiber und seichte Schwätzer alles Japanische in den Himmel heben. Denn die öffentliche Meinung hat, wie alle Mächtigen, ihre Schranzen und Lakaien, qui abondent dans le sens du maître. Da wird es vielleicht nicht schaden, wenn wir uns zu diesem interessanten aufsteigenden Volk in ein Verhältnis genauerer Beobachtung setzen. Wir werden den Schlachtberichten vom Land und von der See besser folgen, wenn wir die Japaner, die wir gestern nicht kannten, heute nicht als die überlegensten Menschen anstaunen.

Eine kleine Schauspielerin, die Sada Yakko hieß, gab vor Jahr und Tag die Veranlassung, dass ich mich mit Japanischem ein wenig beschäftigte. Es sei mir einmal gestattet, mich selbst zu zitieren, da es mancher höchst ungezwungen, und ohne jemals den Geplünderten zu nennen, tut. Ich schrieb damals: »Vom Theater weg, auf dem sich ein fremder Schauspielerschwarm zeigt, wandelt unser Sinn ins Weite. Siehe, dort in einem recht märchenfernen Osten, wo die Sonne ewig aufzugehen scheint, regen sich Gestalten menschlich, wenn auch ein wenig seltsam. Das Wunderbarste ist, dass sie plötzlich die Fähigkeiten verraten, in unseren Verkehr einzutreten – und schon sind sie mitten unter uns, wetteifern mit uns, übertreffen uns vielleicht. All dies geschieht in Eile, in der richtigen Eile unserer Tage, die ja etwas Zauberisches an sich hat. Wenn man, wie ich behaupte, den modernen Menschen an seinem Verhältnisse zu den Verkehrsmitteln erkennt, so sind die Japaner jedenfalls keine Schläfer. Sie sind vor etlichen dreißig Jahren mit einem Ruck aufgewacht, und seitdem sind sie munter. – Wir armen Binnenländer denken bei Japan wohl hauptsächlich an einige alte Reiseberichte, an die Erzählungen vom Harakiri, das ein Ehrenvorrecht der Edelleute war – denn nur wahrhaft vornehme Bäuche wurden so geschlitzt – wir denken an Papierfächer und Schirme, an bunte Laternen, hässliche Bronzen, an glänzende Lackkästchen mit dem Umriss von unwahrscheinlichen Menschen- und Tierfiguren. Wenn wir uns an der Literatur gerieben haben, denken wir vielleicht auch an Messieurs de Goncourt, die zwei Poeten und Edelsammler, deren Hände die gebrechliche Schönheit japanischer Kunstschätzchen vor der Zeit liebkosten, in einem gleichsam verfrühten Verhältnisse. Und endlich oder vor allem summen uns einige Lieder aus englischen Singspielen der letzten Jahre in den Ohren … Es gibt ein anderes Japan, das weniger Farben aufweist, aber vielleicht verblüffender ist: ein Japan, das vor vierzig Jahren noch nicht da war und heute bereits eine fast europäische Großmacht ist. Die Entstehung dieses Japan mit seinen neuen Nähr-, Lehr- und Wehrmittel gehört sicherlich zu den größten der unbemerkt gebliebenen Vorgänge unserer Zeit …«

Und plötzlich ist dieses ungeahnte Japan in aller Munde. Die, von denen man gestern überhaupt nichts wusste, sind heute die erklärten Lieblinge der gesamten Kulturmenschheit, insoweit das Urteil der letzteren nicht durch den Besitz russischer Staatspapiere getrübt wird. Man spricht von den Japanern, als wären sie bereits ganz ebenso zivilisierte Menschen wie wir oder – weil das vielleicht ironisch klingt – als hätten sie bereits dieselbe Art von Zivilisation, derer wir uns erfreuen. Es ist ja wahr, dass sie mit Schlachtschiffen der neuesten Form umzugehen wissen und dass sie, wie schon die ersten Stunden des Kriegszustandes bewiesen, des Gegners Fahrzeuge mit Eifer und Wonne vernichten. Es wird ihnen auch nachgerühmt, dass sie auf dem festen Lande nicht minder heftig im Vertilgen der Feinde sind. Es heißt, der japanische Soldat sei ein guter, verlässlicher Mörder. Und es soll keineswegs geleugnet werden, dass unsere jetzige europäische Kultur solche Eigenschaften hoher Ehren für würdig hält. Im Verlauf eines längeren Feldzuges pflegt sich die Mordlust auf beiden Seiten zu entwickeln. Man hat Brüder zu rächen, Grausamkeiten zu vergelten, der wünschenswerte Hass belebt die Krieger; aber anfangs, wenn diese armen jungen Burschen noch nicht recht verstehen, warum sie eigentlich schießen und erschossen werden, ist ein Bewaffneter, der bereitwillig tötet, immerhin eine respektable Erscheinung. An solchen wird es hüben und drüben nicht fehlen, und so wird man auf des östlichsten Asiens Fluren beim Zusammenstoße zweier Barbareien wieder einiges gegen den Krieg auflesen können für die bekannte Sammlung schöner wirkungsloser Argumente.

Aber siegend oder geschlagen werden uns die Japaner trotz der Entlegenheit ihres Landes noch viel beschäftigen. Sie werden vielleicht eines Tages für Asien eine Monroe-Doktrin der gelben Rasse aufrollen, und vom Gange des Krieges wird es abhängen, wie fern dieser Tag ist. An das Herüberziehen einer gelben Gefahr braucht man nur in Jahrhundertphantasien zu denken, doch genügt schon das jetzige Auftreten dieser Mischlinge von Malayen und Mongolen für unser Interesse, das nicht mehr bei den Bibelots und geringem Schnickschnack verharren will. Die vorderste der Fragen scheint es, wie dick eigentlich die Tünche von Europäertum sei, die sie sich aufgestrichen haben. Gerade die Raschheit ihrer äußerlichen Wandlung wird uns wohl zu einiger Vorsicht stimmen. Die Begebenheit ihrer Europäisierung in so kurzem Zeitraume bleibt wunderbar genug, auch wenn die Japaner von diesen Veränderungen nicht im Kern ergriffen worden sind. Noch nicht vierzig Jahre, wie sie Moses brauchte, um die Kinder Israels in der Wüste zu reinigen, noch nicht vierzig Jahre sind verstrichen, seit das alte, wilde, blutbefleckte, schauerlich grausame Japan versank; es regiert noch derselbe Mikado, der als Sohn eines ebensolchen

Himmelskönigs, wie er seit seiner Thronbesteigung selbst ist, im Jahre 1852 das Licht der Welt erblickte. Dieser Kaiser Mutsuhito ist nun allerdings eine verblüffende Gestalt. Gewiss hat er die Wunderdinge im neuen Japan seit 1868 nicht selbst gemacht; aber wenn sie unter ihm geschehen konnten, wenn er die Umstürzler nur gewähren ließ und sie nicht zum Bauchaufschlitzen, dem Vorrechte der Edlen, verdammte, so müssen wir in ihm schon einen der herrlichsten oder ängstlichsten Monarchen der Weltgeschichte begrüßen. Mutsuhitos Erscheinen gemahnt an eine der schönsten monarchistischen Sagen, an die vom schlafenden Barbarossa im Kyffhäuserberg. Denn Mutsuhitos himmelskönigliches Geschlecht war zweitausenfünfhundert Jahre auf dem Thron, und es war seit siebenhundert Jahren zu einem Schattenkaisertum geschwunden, schlief also gleich dem Rotbart im deutschen Berg, als Mutsuhito aufstand. Wie der Shogun, der erbliche Hausmeier dieser Rois fainéants*, die lange vor und lange nach den Merowingern da waren, vertrieben wurde; wie das Feudalsystem jählings in eine letztmoderne repräsentative Staatsverfassung sich verwandelte; für alle politischen, sozialen und ökonomischen Umgestaltungen Japans lassen sich die geschichtlichen Beispiele heranziehen, wenn es auch nie und nirgends ähnlich blitzgeschwind gegangen ist. Aber eines ist unerhört, dass der Mikado, der Abkömmling der zweieinhalbtausendjährigen Dynastie, die der Kühnste der Shogune nicht anzutasten wagte, dass der Sohn des Himmels von einem Tag auf den andern sich benahm wie der Präsident einer Republik. Die Hausmeier hatten siebenhundert Jahre den »Himmelskönig« in der allgemeinen Ehrfurcht gefangen gehalten. So heilig war der Mikado, dass man von ihm nicht reden, so hoch, dass man zu ihm nicht hinaufblicken durfte. Da entschwand er dem Volk endlich und führte ein Dasein in den Wolken. Und eines Tages stieg er herab und fuhr in einem gewöhnlichen Landauer durch die Straßen. Das Wunder hat ja seine natürliche Erklärung. Die Männer, welche das neue Japan machen wollten und durch eine Revolution hindurch mussten, bedienten sich einfach des Schattenkaisertums als einer Barrikade. Es war ein höchst geistreicher Einfall, das Neueste auf das vergessen Älteste zu pfropfen. Wer das junge Japan unserer Tage verstehen will, darf an einer sehr merkwürdigen Erscheinung nicht vorübergehen: an der Stellung dieser europäischen Kosmopoliten zur Religion. Alle ihre Einrichtungen haben sie gleichsam von den renommierten Häusern bezogen. Ihre Marine, zum Beispiel, ist englischen Ursprungs. Das Heer wollten sie sich zuerst nach französischem Vorbilde schaffen. Nach den deutschen Siegen über Frankreich zögerten sie nicht lange und ahmten lieber die Deutschen nach. Im Unterrichtswesen neigten sie früher auch zu deutschen Mustern, schwenkten aber bald zu den praktischeren, weniger bücherstaubigen amerikanischen Methoden der Jugendbildung ab. Ihr Eklektizismus äußerte sich namentlich bei der Anlage ihrer Gesetzbücher. Während sie sich im Strafrecht noch an den Code Napoléon hielten, ist ihr Zivilrecht deutsch. Und so weiter. Aus jedem Lande holten sie sich das Neueste und was für das Feinste der Art galt, ohne sich viel darum zu kümmern, ob das auch alles zusammenpassen werde. Die Religion aber holten sie sich, wie das Staatsoberhaupt, aus der fernsten Vergangenheit ihres Volkes herauf. Die Macher der japanischen Umwälzung waren große Staatsmänner. Dass sie selbst Anhänger dieser altertümlichen Religion mit den vielen grausigen oder schnurrigen Gottheiten gewesen seien, ist nach dem sonstigen Habitus der Männer nicht recht anzunehmen. Eher will es uns scheinen, als hätten sie diese ganze vielgestaltige, kindliche Götterwelt mit all der Anbetung von Naturgewalten und Ahnen nur heraufbeschworen, um nicht als ruchlose Neuerer dazustehen. Der Schintoismus, wie dieser Götzendienst heißt, sollte bewirken, dass das Volk auch den Europäismus hinunterschlucke. Bei dieser Gelegenheit wurde die feinere Lehre Buddhas, die in Japan viele hundert Jahre geblüht hatte, einigermaßen zurückgedrängt. Man darf allerdings nicht an die schmerzliche Weisheit des Oâkjamuni denken, die einen so reichen, freien und kühnen Geist wie Schopenhauer zu bezaubern vermochte. Der Buddha des Japaners ist eben auch nur ein Götze wie die anderen. Einen Gott will man doch sehen, nicht wahr? In seinem Buch über Japan berichtet Lauterer: »Die Gläubigen stellen sich hin oder knien, falten die Hände und verneigen sich, dass die Stirn den Boden berührt … Nach drei bis fünf Minuten stehen sie wieder auf, werfen eine kleine Kupfermünze in den Opferkasten, klatschen in die Hände, um die Aufmerksamkeit des Gottes auf sich zu ziehen, und entfernen sich.«

Jawohl, man bezieht aus England, Frankreich, Deutschland und Amerika verschiedene Neuigkeiten, aber darum bleibt man doch den alten, vertrauten, leider so schrecklich unaufmerksamen Göttern treu, die man durch Händeklatschen an ihre Pflicht erinnern muss. In den Tempeln zeigt sich immer, wie dick der Kulturfirnis ist. Und da werden wir entdecken, dass die Japaner weit entfernt sind, sich den europäischen Anschauungen zu unterwerfen, obwohl sie alles Moderne so schleunig nachahmen. Wie haben sie sich überhaupt zu der jähen Umkehr entschlossen? Sie lebten in starrer Abgeschlossenheit bis in die Mitte des 19. Jahrhunderts. Wehe war dem Fremden, der zu ihnen kam. Christliche Missionäre pflegte man schauerlich zu Tode zu martern. Es wagte sich endlich kein Verbreiter anderen Glaubens mehr in das grausame Land. Aber eines Tages verlangten die Amerikaner die Öffnung der Häfen für den Handel. Der Name eines unbedeutenden Präsidenten der Vereinigten Staaten ist mit dieser Forderung verknüpft. Fillmore hieß er, war zu Anfang der fünfziger Jahre Präsident und kommt nun zufällig zu den Ehren der Geschichte. Der amerikanische Wunsch, durch Kriegsschiffe von einer den Japanern damals noch unbekannten Güte unterstützt, musste berücksichtigt werden. Die Fremden fanden sich in spärlicher Anzahl allmählich ein. Aber als der Hass gegen die Eindringlinge sich in den sechziger Jahren noch einmal regte und einige Opfer forderte, da folgten so fürchterliche Bombardements als Strafe, dass sich die Japaner sagten: So geht es nicht weiter, wir müssen die Fremden gut behandeln – oder wenigstens vorher auch bombardieren lernen. Und sie gingen hin und lernten bombardieren. Das ist vermutlich der Ursprung der europäischen Zivilisation in Japan.

Das Bombardieren ist nun freilich von allem anderen losgelöst nicht zu erlernen. Es hat Voraussetzungen, Nebenbedingungen, Hilfswissenschaften und Konsequenzen, und all dies zusammengenommen bildet ja eben unsere Kultur, wenn auch das Bombardieren immer die Krone des Ganzen und verehrte Ultima Ratio bleibt. Den Japanern, als einem kriegerischen Volke, leuchtete das vollkommen ein, und sie gingen bei Europäern und Amerikanern in die Schule. Mit Erfolg, wie man jetzt schon sieht. Sie können schon sehr gut bombardieren. Sie haben mit ungeheurem Fleiß gelernt, man möchte sagen, mit dem Fleiße der Verzweiflung. Aus Liebe oder Bewunderung strebten sie den Europäern nicht nach, das soll man keinen Augenblick glauben. Diese fabelhaft geschwinde Nachahmung ist nichts als eine Abwehr. Sie eignen sich unsere Kultur an, gleich wie man Schanzen anlegt. Ihre Europäisierung bedeutet nicht, dass sie von den Europäern erobert sind, sondern das Gegenteil. Sie wollen sich verteidigen. Wenn es eines Beweises hiefür bedarf, die Ereignisse von 1889 lieferten ihn. Damals gab es wegen der Konsulargerichtsbarkeit einen Streit zwischen Japan und den Großmächten. Flugs war die Tünche abgekratzt. Die Damen warfen die europäischen Kleider weg und zogen wieder das heimische Kostüm an. Männer, die in Europa erzogen worden waren, wollten nicht mehr auf Stühlen sitzen und hockten wieder japanisch auf dem Boden. Sogar das Brotbacken wurde aufgegeben, und man aß nur noch Reis nach vaterländischer Art. Nein, sie sind von Europa keineswegs entzückt, sie haben lediglich eingesehen, dass es stärker ist.

Was sie in ihrem Lande machen, lässt sich, insofern es nicht künftigen Verteidigungszwecken dient, als eine eifrige innere Kolonisation verstehen. Eine herrschende Klasse, die zum Teil aus der früher herrschenden hervorgegangen ist, lässt sich die innere Eroberung mit den Mitteln der europäisch-amerikanischen Kultur angelegen sein. Das Land und seine Leute werden bewirtschaftet. Den Unteren kommt es vielleicht noch nicht recht zum Bewusstsein, und auch dabei mag der Schintoismus für die Herrschenden recht nützlich sein, gewissermaßen als das Dienstvermittlungsbüro »zu den lieben Göttern«.

Nach den Plauderbüchern von Reisenden und nach den schwerer genießbaren der wirklichen Kenner Japans dürfen wir uns das Europäisierte wohl nur wie ein Bahngeleise vorstellen. Rechts und links vom schmalen Eisenweg ist noch dasselbe alte Land wie ehemals, aber die Spur durchzieht doch das ganze Inselreich. In den großen Städten gibt es Hauptstraßen von europäischem Anstrich. Es sind Geleise. Rechts und links, nur einige Schritte entfernt, sind Gassen und Häuser und die Menschen in den Stübchen genau so japanisch wie einst. In den leichten, hüttenähnlichen Gebäuden, die immer auf ein Erdbeben zu warten scheinen, gibt es wenige Einrichtungsstücke. Man schläft, kauert, isst auf dem mit Matten bedeckten Fußboden. Das Volk ist arm, heiter und bedürfnislos. Der Reis spielt in der Nahrung eine große Rolle. Im Handwerk sind sie geschickt, sie ahmen alles gut nach, haften dabei zäh an Überliefertem und werden auch die Fehler ihrer Vorgänger immer wiederholen. Die Kinder lässt man ein Handwerk lernen, noch bevor man sie in die Schule schickt; was offenbar ein guter Erziehungsgedanke ist und ihre spätere Handfertigkeit erklärt. Der Japaner ist höflich und grausam, beides nach einer so langen Feudalzeit wohl zu begreifen. Die Hartherzigkeit der Japaner sieht man beim Gebrauch des Mietwagens, des zweirädrigen Karrens, dem ein Mensch vorgespannt ist. Der Japaner steigt nicht ab, auch wenn sein Zugmensch hügelan keucht. Ein mittlerer Europäer würde sich schon schämen, im Wagen zu bleiben, wenn sein Pferd schwerer bergan zu schleppen hat. Ich erwähne da nur kreuz und quer einige charakteristische Züge, die ich in verschiedenen Büchern fand. Wer sich besser unterrichten will, der lese Lauterer, Hesse-Wartegg oder den elegant schreibenden Franzosen Weulersse, »Le Japon d'aujourd'hui«.

Manches in den Sitten dieses fernen Volkes wird uns zum Nachdenken anregen. Wohl das Allerschönste ist das ehrfurchtsvolle Verhältnis der Kinder zu den Eltern. Die Häuser, in welchen die Kinder ihre Eltern gehorsam ehren, sind in allen

Kulturen und Ländern fest wie Burgen. Und doch, wie lustig ist der Bau der Familie in Japan gezimmert. Es erinnert an die Aufführung ihrer für Erdbeben verrechneten Wohngebäude. Die Ehe wird nicht aus Liebe geschlossen. Lauterer meldet: »Die Ehe aus Liebe ist verpönt. Die Familien sollen zusammenpassen, die Ehegatten werden sich schon hineinfinden.« Die Eheschließung erfordert nicht viele Förmlichkeiten, und ebenso glatt und rasch erfolgt auch die Lösung des leichten Bandes. Von drolligen Zügen sei erwähnt, dass es keine individuellen Geburtstage gibt, das heißt, sie werden nicht vermerkt. Alle Mädchen feiern ihren Geburtstag am 3. März und alle Knaben am 5. Mai. Von der Weisheit des japanischen Volkes erzählen uns diese Sprichwörter einiges: »Abwesende entfernen sich täglich mehr. – Selbst ein Übel wird in drei Jahren Bedürfnis. – Der Arzt heilt den Kranken, der nicht stirbt. – Wenn man ein Kind hat, versteht man die Güte der Eltern. – Was wird, will man nicht; was man will, wird nicht.«

Die Kunst der Japaner aber war ja das Erste, was von ihnen zu uns herüberdrang. Zuerst waren diese Erzeugnisse hässlich, dann wurden sie schön. Sie veränderten sich nicht, wir wechselten unseren Geschmack. Man lernt sehen, das ist wahr; viel Schwindel und Albernheit ist aber auch dabei. Die kleinen Gemeinden werden gebildet von einigen Schwärmern, mehreren Geschäftsleuten und vielen törichten Nachschwätzern. Schließlich glaubt alles daran. Was an dieser Kunst den Blasierten verführerisch erschien, war die Naivität der Auffassung, die Mangelhaftigkeit der Beobachtung, verbunden mit einer zarten Geschicklichkeit der Ausführung. Es war ein Reiz des Primitiven, etwas Mageres, Unreifes und dabei Raffiniertes. Einem nicht perversen, unbefangenen Kunstfreunde unserer Himmelsstriche konnte das alles kaum gefallen, aus dem einfachen Grunde, weil die Natur ihm fremd war, aus der diese Kunst ihre Anregungen holte. Es sind offenbar andere Landschaften mit anderem Duft, mit anderem Pflanzenwuchs, anderem Getier und Menschentum. Wenn wir aufrichtig sind, werden wir das bizarr finden, im günstigsten Falle interessant; es kommt nur darauf an, wie sehr wir uns von fernen Horizonten angezogen fühlen. Aber selbst wenn uns die eigentümlich verschrobene Kunstfertigkeit der Japaner, ihre Art von Poesie und auch ihr sonstiges Streben auf allen Gebieten Bewunderung abgerungen hätte, wir wären doch wohl recht kühl geblieben, und wenn sie noch tausend Jahre immer feiner gemalt, gemodelt, gedichtet, geforscht und Vortreffliches geschaffen hätten. Ah, aber sie bohren Schlachtschiffe in den Grund – grüßen wir, meine Herren! Und eine Begeisterung rauscht durch die Kulturmenschheit, weil die Japaner gut bombardieren gelernt haben.

Es ist ein merkwürdiges Volk. Die Oberen, die Herrschenden sind schon gebildet und noch rührig, sie kennen das Gute und das Böse, sind mit allen Hunden der Kultur gehetzt, mit allen Salben der Aufklärung geschmiert. Aber wenn es zum Gedeihen einer Nation erforderlich ist, dass die Führenden klug und wissend seien, so darf es den Massen – und das ist ein melancholischer Gedanke – an einiger Barbarei nicht fehlen. Auch diese findet sich ausreichend bei den Japanern. Eine gewisse Frische im Umbringen der Nebenmenschen pflegt sich bestens zu bewähren. Den Einzelnen bringt solche Tüchtigkeit zur Geltung im Staate, dem Staat verhilft sie zu Ansehen unter den Staaten. Wenn nun die Japaner unter ihrer europäischen Tünche wirklich noch an ihrer alten Art und Überlieferung, an ihren Vorurteilen, Gewohnheiten und Göttern festhalten, haben wir ein Recht, es ihnen zu verdenken? Ist unsere Gesittung so hoch, dass sie es verdiente, Eroberungen zu machen?

Aus Neue Freie Presse, 17. Februar 1904

* *Rois fainéants:* die letzten Könige der Merowinger, die »nichtstuenden Könige« oder Schattenkönige. Anspielung auf Degeneration des Königshauses und den Machtverlust, da die faktische Macht langsam an die Karolinger überging.

Phileas Fogg, der Jüngere
(1901)

Der Pariser Zeitungsreporter Gaston Stiégler hat soeben etwas Denkwürdiges vollbracht. Er hat eine Leistung, die vor dreißig Jahren für märchenhaft galt, nicht nur erreicht, sondern sogar weit übertroffen. Was man für die Ausgeburt eines erhitzten Dichterhirnes gehalten, das hat er spielend, scherzend, lustwandelnd in Wirklichkeit übersetzt. Und dabei ist er durchaus kein ungewöhnlicher Mensch, kein Finder neuer Pfade, kein Erfinder oder Entdecker, kein großer Täter oder verwegener Denker. Übrigens kann er auch dies oder jenes sein, wir wissen es nur nicht. Er wird sich vielleicht noch späterhin als eine Größe enthüllen. Heute lässt sich mit Sicherheit von ihm sagen, dass er etwas Außerordentliches vollbracht hat, was jeder gewöhnliche Mensch genauso kann. Nur war er der Erste. Er ist nämlich in vierundsechzig Tagen rund um die Erde herum gefahren. Phileas Fogg, der fabelhafte Held Jules Vernes, brauchte dazu achtzig Tage, und vor dreißig Jahren, sage und schreibe vor dreißig Jahren, fand die gesamte zivilisierte Welt, es sei ein wunderbares, unterhaltendes, aber doch recht unwahrscheinliches Märchen. Am 29. Mai 1901 brach Herr Gaston Stiégler, Reporter des *Matin*, vom Pariser Nordbahnhofe auf, reiste ostwärts um die Erde und kam am 1. August desselben Jahres von der anderen Seite wieder auf demselben Nordbahnhofe an. Er war über Berlin, Petersburg, Moskau, Irkutsk, Chabarowka, Wladiwostok, Yokohama, Victoria in Britisch-Kolumbien, New York, Liverpool, London, Dover und Calais von Paris nach Paris gefahren.

Monsieur Stiégler – der Name klingt verdächtig deutsch, wenn er auch den scharfen Accent wie eine fremdartige Reiherfeder aufgesetzt hat – Monsieur Stiégler wird es nicht übel nehmen, wenn die aufrichtigsten Schätzer seiner Leistung sich nicht enthalten können, dabei zunächst an den Messenger Boy zu denken. Er wird es schon darum nicht übel nehmen, weil der Messenger Boy, der kleine Privatbriefbote, eine der liebenswürdigsten Erscheinungen des englischen Lebens ist. Diese braven, klugen, halbwüchsigen Jungen in ihrer einfachen dunkelblauen Uniform, das Brieftäschchen am Ledergehänge, das runde Käppi auf dem Ohre, das Sturmband militärisch an die Unterlippe gepresst, man sieht sie rastlos und ernst London durcheilen. Gleich den Policemen bilden sie eine ausgezeichnete Körperschaft mit hoch entwickelter Standesehre. Man achtet sie sehr, und sie verdienen es. Sie haben eine eng umschriebene Aufgabe, die sie musterhaft erfüllen. Den anvertrauten Brief sollen sie auf dem kürzesten Wege bestellen und, nachdem er abgegeben ist, unverweilt zum Absender zurückkehren. Ein Messenger Boy blickt nicht rechts noch links, er geht geradeaus nach seinem Bestimmungsort ab und kehrt ebenso wieder. Die Gewissenhaftigkeit und Rechtschaffenheit dieser Knaben ist rührend. In einem Alter, in dem die Kinder wohlhabender Leute vor jedem Luftzuge behütet und mit dem Erzieher auf den Spaziergang geschickt werden, geht der gute kleine Messenger durch Nacht und Nebel. Er fürchtet sich vielleicht, denn es gibt in dieser schrecklichen Stadt Gegenden, die bei Nacht und Nebel grausiger sind als der wilde Wald oder die Heide – »die Wunde darüber sausend, ach, wär' hier ein Schritt wie tausend!« Aber sie gehen, sie gehen, schweigsam, tapfer, treu, und kommen ans Ziel, und kommen zurück. Manchmal schickt man sie weit hinaus ins Land, in andere Länder. Sie besteigen den Omnibus, die Bahn, das Schiff, ein Messenger Boy muss überall hingehen. Eine Zeit lang machten sich amerikanische Millionäre den Spaß, Briefe, die sie mit zweieinhalb Pence heimwärts versorgen konnten, durch solche Boten übers Meer zu schicken. So mochte der Messenger Boy auch auf die Bühne gebracht werden, und das Volk von London ergötzte sich lange Zeit hindurch an einem Ausstattungsstücke, das die Schicksale eines dieser fernhin gesendeten lieben Jungen vorbrachte. Es war ganz aufregend und amüsant. Schließlich kommt es nicht darauf an, was der Kurier des Zars oder Boy in seiner Tasche hat, sondern auf die Charaktereigenschaften, die bei seiner Unternehmung zum Vorschein kommen.

Es wäre also keine Verkleinerung der Expedition Stiéglers, wenn man sagte, dass ein englischer Messenger Boy sie ihm augenblicklich nachmachen würde. Die Reise des französischen Journalisten hatte allerdings einen großartigeren Zug durch das Bewusstsein, in welchem er sie unternahm, und nachdem die begründete Meinung geäußert worden, dass ein Boy es ihm gleichtun konnte, sei auch zugestanden, dass diese scheinbar zwecklose Fahrt mit weltgeschichtlichen Begebenheiten nahe verwandt ist. Denn es wäre wohl ein Irrtum, dies den »geschlagenen Records« im Reiten, Fahren, Rudern, Radeln und anderem, womit wir jetzt allzu oft belästigt werden, gleich zu achten. Stiéglers Rekord bedeutet nicht mehr und nicht weniger, als eine Epoche, und das Gewand einer Wette, in das die Unternehmung sich einhüllte, war wohl das Lustigste daran, aber auch das mindest Wesentliche. Mit dem Vertreter des *Matin* zugleich brach nämlich auch der Reporter eines andern Pariser Blattes, des *Journal*, zur Reise um die Erde auf. Dieser heißt Turot. Stiégler eilte ostwärts, Turot gegen Westen. Und es scheint, dass auch mehrere amerikanische Zeitungen aufs Tiefste beunruhigt durch die Möglichkeit, man könnte ihnen in Europa eine Sensation dieser Art vorwegnehmen, ihre Rekordschläger unverzüglich um die Erde herumjagten. In welchen Steppen, auf welchen Inseln unter dem Winde diese Mitwerber zur Stunde dahinrasen, ist uns nicht bekannt. Turot soll sich gegenwärtig im Amurgebiete oder sonst wo im unermesslichen Sibirien befinden. Stiégler ist schon da. Für die Leser des *Matin* war es ein Genuss, nicht minder spannend als die Fortsetzungen des täglichen Romanes, jeden Morgen die Depeschen Stiéglers zu lesen, der sich mit beispielloser Geschwindigkeit entfernte, bis er endlich kraft eben dieses Entfernens wieder dem Pariser Meridian sich näherte. Seine Depeschen meldeten in wenigen, aber doch nicht zu sparsamen Worten das Wichtigste von der Fahrt, oft nur den Stationsnamen, der freilich Horizonte eröffnete, oder ein bezeichnendes kleines Erlebnis, einen Blick auf Landschaften und Menschen, eine Hemmung der Hast, eine glücklich überwundene Störung, ein Verlangen, den japanischen Dampfer, den kanadischen Jagdzug zu erreichen. Als ein abenteuerfrohes Journalistenblut hat er vielleicht manches Mal bedauert, dass es nicht mehr aufregende Zwischenfälle gab, keine Brückeneinstürze unter dem weiterrollenden Zug, keine Raubüberfälle auf den Prärien, keinen Schiffbruch. Wo er dann als der einzige Gerettete zu Pferde oder auf einem Balken nach dem nächsten Telegrafenamte geritten oder geschwommen wäre, um noch für das Morgenblatt zu melden: »Alle Mitreisenden verunglückt, ich mit gebrochenem Fuß davongekommen, habe mir vom mandschurischen Dorfbader Gipsverband anlegen lassen. Sie haben in dieser Gegend komische Gipsverbände. Lasse meine Tragbahre in den Gepäckswagen stellen, fahre so weiter. Hoffe Anschluss nach Simonoseki zu erreichen ...« Nein, die Reise verlief ziemlich glatt, und das ist in einem höheren Sinne viel interessanter, als wenn sie durch die Mängel der Verkehrsmittel mit atemraubenden Sensationen ausgestattet worden wäre. Der unglückliche Gegner Turot war in dieser Beziehung glücklicher: Er hatte schlimme Abenteuer, namentlich eine Schifffahrt auf dem Amur, wobei es übel herging. Zwanzigmal lief sein Fahrzeug auf den Grund, zweimal wurde es leck, und in einer Depesche aus dem fernen Osten durfte er sogar berichten, dass er förmlich Hunger gelitten habe. Herr Stiégler hingegen ist recht bequem um die Erde herumgekommen und leicht durchs Ziel gegangen, in einem anderen Sport hieße es »im Handgalopp«. Er hat sich sogar zum Schlusse den Spaß erlaubt, in London siebzehn Stunden und vierzig Minuten zu versäumen. Wenn Zeit Geld ist, sind siebzehn Stunden vierzig Minuten unter diesen Umständen ein Vermögen. Allerdings, vor Turot brauchte er sich nicht zu fürchten, der war noch weit, und von den Amerikanern überhaupt keine Spur. So konnte Stiégler, nachdem er, von Liverpool kommend, in London den Clubtrain nach Paris um eine Stunde verpasst hatte, sorglos einen Tag verschwenden. Strengere Richter werden ihn darum tadeln, denn wenn man die Ehre hat, einen solchen Weltrekord zu besitzen, vergeudet man nicht siebzehn Stunden und vierzig Minuten. Es kommt noch hinzu, dass Herr Stiégler nicht über Liverpool hätte gehen müssen, sondern den transatlantischen Dampfer »Oceanie«, auf dem er von New York herschwamm, schon in Queenstown an der irischen Südküste verlassen und von da über Dublin und Holyhead um einiges früher in London eintreffen konnte. Das ist ein Makel auf der Reiseehre des neuen Phileas Fogg, und er hat sich damit auch der ernsten Gefahr ausgesetzt, dass man ihm seinen Rekord bald wegnehmen wird. Für siebzehn Stunden und vierzig Minuten, wozu noch die Ersparung via Queenstown im Betrage von vielleicht acht Stunden zu rechnen wäre, für 25 Stunden 40 Minuten lohnt es sich schon, einen Rekordbrecher auszusenden. Es wird sich wohl auch bald ein aufstrebendes Blatt in Amerika finden, welches den gebeugten Nationalstolz aufrichten und Stiégler den Kranz vom Haupte reißen lassen wird.

Vergebens wird die Redaktion des *Matin* dann dagegen einzuwenden versuchen, dass die Wartezeit in London abgerechnet und die Reisedauer mit 63 Tagen und 16 Stunden angenommen werden müsse. Die Amerikaner werden kalt lächeln und erklären: »Es ist traurig, aber wahr, dass Ihr Champion erst nach 65 Tagen und 4 Stunden auf dem Ausgangspunkte wieder angelangt ist. Um die Wartezeit haben wir uns nicht zu kümmern. Ob er in London oder in Seattle am Pugetfund ausgestiegen ist, um eine Singspielhalle zu besuchen, das geht uns nichts an. Ja, selbst wenn er zwischen Calais und Paris in Amiens einen Zug überschlagen hätte, um dem greisen blinden Jules Verne, dem Vater des Phileas Fogg, eine Anstandsvisite zu machen, so können wir zwar die Empfindsamkeit des jungen Mannes nur loben, aber vom Rekord würden wir sie nicht abziehen lassen. Ein Rekord leidet keine Gemütlichkeiten.« Und wer könnte leugnen, dass dieser Standpunkt dem formellen Recht entspricht. Man wird aber andererseits auch den *Matin* begreifen, welcher aus zwei Gründen Herrn Stiégler bat, die Nacht in

London zu verbringen: erstens, damit er nach zwei Monaten wieder in einem wirklichen Bette schlafe; zweitens, damit er seinen sieghaften Einzug in Paris zu einer Stunde halte, wo die Leute schon auf den Boulevards sind und einiges Aufsehen erregt werden kann. Für die Opfer, die der *Matin* gebracht hat, gebührt ihm wahrhaftig eine bürgerliche Reklame. Pour le bonheur du genre humain oder für den König von Preußen macht man doch eine solche Sache nicht. Man lässt einen begabten jungen Schriftsteller, den man auch im Gerichtssaal oder im Parlament verwenden könnte, doch nicht 34.000 Kilometer in den schnellsten Schlafwagen, Schlitten, Pullman Cars und auf sibirischen Flößen erster Klasse zurücklegen, um das Ergebnis dann diskret zu verschweigen.

Die Macht und die Wirkung eines großen Blattes, das mit Spürsinn für die Bedürfnisse der Zeit geleitet wird, lassen sich an diesem Beispiele erkennen. In unseren Tagen würde Columbus nicht an Königshöfen um ein paar Caravellen betteln müssen, der Herausgeber einer New Yorker Zeitung würde sie ihm flott bewilligen und ihm zum Abschied sagen: »Glück auf, mein lieber Christopher, und wenn Sie die Neueste Welt gefunden haben, kabeln Sie mir gefälligst einige tausend Worte. Wir veranstalten dann sofort eine Extra-Ausgabe.«

Aber die Frage steht auf, was Herrn Stieglers Reise denn eigentlich zu bedeuten habe. Dass die Erde rund ist, wird selbst in kirchlichen Kreisen seit einiger Zeit nicht mehr bestritten. Es ist daher nicht überraschend, dass ein Mann, der immer nach Osten oder immer nach Westen weiterfährt, schließlich wieder an seinen Ausgangspunkt geraten muss. Ein wissenschaftliches oder künstlerisches Ergebnis in nennenswertem Umfange ist von solcher Reise wohl auch nicht zu erwarten. An vergleichender Forschung sind im günstigsten Falle Beobachtungen an den Speisewagenkellnern der Transsibirischen sowie der Pazifikbahn möglich. Die fotografischen Aufnahmen des Reisenden versprechen auch nichts Neues, denn sein Weg geht mitten durch die Kultur, und dies ist auch der hauptsächliche Sinn seines Weges. Entdecken will und kann er nichts. Bliebe noch das

Glück einer literarischen Ausbeute als letztes, doch auch dies ist ausgeschlossen. Die Völker des Erdballs versteht man nicht bei fünf Minuten Aufenthalt. Die Menschen, die mit ihm fuhren, hat Stiegler immer wieder verlassen, bevor er sie kennen lernte, wenn er dafür überhaupt Sinn hatte. Er war wie der ewige Jude, an dem die Geschlechter hinschwinden. Und die Städte flogen an ihm vorüber, ein Eindruck löschte den andern in der ermüdenden Seele aus. Und die Landschaften? Man ergreift sie nicht in ihrer Tiefe durch ein Coupéfenster, die große so wenig wie die kleine Landschaft. Im ereignislosen Barbizon bei Fontainebleau, in der gleichgültigen, langweiligen Gegend sind Naturbilder von vermutbarer Unsterblichkeit gemalt worden, im Himalaya-Gebirge oder an den Niagarafällen nicht. Wäre dieser Reisende auch ein Genie, er kann unmöglich unterwegs etwas Wertvolles geschaffen haben, nicht einmal Impressionistisches, und solches sogar am wenigsten. Denn die Platten seines fotografischen Apparates blieben trotz aller Belichtungszufälle länger empfindlich als sein Gehirn. Nach fünf oder zehntausend Kilometern fortwährenden Gerütteltwerdens wird es stumpf und stumpfer. Die Schiffsreisen sind eine erfrischende Unterbrechung, aber die Fülle der Bilder erdrückt jedes einzelne. Er hat auf der kolossalen Fahrt verhältnismäßig recht wenig gesehen. Zwischen dem vierzigsten und sechzigsten Grade nördlicher Breite hat er sich über die Erdoberfläche bewegt, vielerlei Sprachen gehört und von keiner etwas behalten, vielerlei Menschen geschaut und von ihnen keine persönliche Vorstellung erworben. Wie man beim Aufsteigen im Luftballon die Erde unter sich landkartenhaft werden sieht, so wurde ihm die Welt etwas Fahrplanmäßiges. Das Ergebnis dieser mühevollen und kostspieligen Reise ist ein Fahrplan. Und das ist das Großartige daran. Denn dieser Fahrplan zeigt mit einer ziffernklaren Eindringlichkeit, wo die Kulturmenschheit im Jahre 1901 hält. Wer vor einem Vierteljahrhundert bereits ein wacher Leser war und Jules Vernes berühmtes Märchen ungläubig lächelnd genoss, der muss es gestehen: Der Fortschritt ist fabelhaft.

Allmählich hat er sich gemacht, eine Bahn- oder Schiffslinie nach der anderen ist in Betrieb gekommen, Stück hat sich an Stück gelegt, fehlende Glieder sind hineingewachsen, aber das Große ist doch erst der Zusammenhang. Diesen hat Herr Stiégler anschaulich gemacht, und dafür gebührt ihm Ruhm, obwohl er nichts entdeckt und nichts erfunden hat. Es gibt Weltkursbücher, die alle Reiselinien enthalten; aus solchen konnte man sich ja seit der Eröffnung der sibirischen Bahn Stiéglers ganzen Weg als Möglichkeit schon vorher zusammenstellen. Er hat es ausgeführt, und damit manchen, vielen zu denken gegeben.

Sein Wettabenteuer lässt vielleicht unter anderem eine Ahnung in uns aufsteigen, was die sibirische Bahn bedeutet. Das Land des Schwarzen und Weißen Meeres ist noch gewaltiger geworden, seit es mit dem Gelben Meere verbunden ist. Und muss die übrige Welt sich vor einem Russland erhöhter Kultur mehr oder weniger fürchten? Die Verkehrsfragen greifen ja im Frieden wie im Kriege in das ganze Leben hinein. Freilich ist es ein Merkmal unserer Zeit, dass wir bei neuen Möglichkeiten des Verkehres zunächst an die des Zerstörens und erst später oder überhaupt nicht an die des Aufbauens denken. Im südafrikanischen Feldzuge haben die Engländer interessante, wenn auch nicht ganz erfolgreiche Versuche mit Panzerzügen gemacht. Man kann sich darauf verlassen, dass diese wertvolle Idee eine Ausbildung erfahren wird. Jeder Staat, der sich respektiert, wird wohl bis zum nächsten Kriege mit Panzerzügen von höherer Vortrefflichkeit versehen sein. Das Gebrechen im Transvaal war, dass diese Wagen auf Schienen fahren mussten und daher leicht zur Entgleisung gebracht werden konnten. Aber wozu hätten wir das Automobil? Die Lösung ist gefunden. Gepanzerte Motorwagen mit einer Ladung von Kanonen und Sprengmitteln dürften den Reiz des nächsten Völkerzusammenstoßes bilden. An die Verwertung für das Gesundmachen der großen Städte, für das Hinauslegen der Wohnstätten in die reinere Umgebung denken wir noch nicht.

Wie schnell wir schon fahren, zeigt uns Herr Stiégler; wie langsam wir gescheiter werden, das zeigt sich uns alle Tage, wenn wir bereit sind, es zu sehen. Zusammengedrängte Haufen, in denen die Menschen aneinander schlecht werden, krank werden und zugrunde gehen. Und die Welt ist doch so groß, so weit, so schön, so leicht zugänglich. Die glückseligeren Inseln sind kein solches Märchen mehr, man könnte sie erreichen. Die Reise des Phileas Fogg und seiner Nachfolger wäre sinnlos, wenn sie diese Lehre nicht enthielte. Es bricht einem das Herz, wenn man bedenkt, dass schwer leidende Menschen die Heilmittel nicht benützen, die doch schon da sind. Und während sie an tausendjährige Fabeln glauben, halten sie greifbare Wahrheiten für Märchen. Es tritt in dieser Begebenheit von der Reise um die Erde auch eine sonderbar ergreifende Gestalt auf: Jules Verne, der erblindete Dichter, der schon vor dreißig Jahren erzählte, was erst heute geschieht. Er wächst in der Zeit, dieser Fabelmacher, der nur gut genug war für Kinder. Seine Phantasien – über die man wohlwollend scherzte, wenn man ein praktischer, gereifter, ernsthafter Mann war, eine Stütze der Gesellschaft, ein Wähler, ein Geschworener – seine Phantasien sind im Range gestiegen, und man muss anfangen, sie mit mehr Ehrfurcht Prophezeiungen zu nennen. Er stand als müder Greis an der Station von Amiens, als der heimkehrende Reporter da einen Augenblick anhielt, und er begrüßte »die Tat von seinen Gedanken«. Wo sind wir diesem blinden alten Mann denn schon begegnet? Etwas Fernes, Tragisches taucht auf. Der Kreis des Ödipus! Und dieser ist Teiresias, der blinde Seher, dem die Götter das Augenlicht nahmen, weil er ihre Geheimnisse den Menschen mitgeteilt hatte – den Menschen, die nicht sehen wollen.

Aus Neue Freie Presse, 4. August 1901

Nachwort

»Editionen« – so konnte man in einer Abhandlung über den Streit der Philologen um die Werkausgaben Georg Büchners in der *Süddeutschen Zeitung* (22.02.2002) lesen – »sind Verwaltungsinstanzen des kulturellen Gedächtnisses; sie prägen das Autoren-Bild ganzer Generationen.« Angewandt auf den Journalismus verweist diese These auf ein kaum verständliches und schon gar nicht akzeptables Defizit. Journalismus als Kulturleistung findet bestenfalls Berücksichtigung, wenn er zuvor zur Literatur geadelt wurde. Dass auch diese Textsorten verdienen würden, editionspolitisch in den Klassikerstand erhoben zu werden – diese Einsicht konnte sich nicht durchsetzen, obwohl Egon Erwin Kisch schon 1923 eine Anthologie herausgab, deren Titel genau dazu provozieren wollte: »Klassischer Journalismus – Meisterwerke der Zeitung«.

Auch das Werk Theodor Herzls – von dem Kisch übrigens das Editorial der ersten Nummer der Wochenschrift *Die Welt* (03.08.1891) in seine Sammlung aufnahm – ist für diese Vernachlässigung journalistischer Klassiker ein charakteristisches Beispiel. Natürlich wird Herzl als Figur wahrgenommen. An ihm kommt man schon aus weltpolitischen Gründen nicht vorbei. Und so sind auch seine zionistischen Schriften mehrfach ediert worden und international in verschiedenen Ausgaben immer präsent gewesen, ebenso wie seine berühmten Tagebücher. Dass die zuständige Literatur- oder Theaterwissenschaft die gleiche editorische Sorgfalt nicht für seine zahlreichen Theaterstücke aufgebracht hat, mag mit deren doch eher geringem ästhetischen und dramaturgischen Wert zu tun haben. Auch auf den Bühnen hatte Theodor Herzl damit kein großes Glück, wenngleich eines seiner Lustspiele, »Wilddiebe«, eine Boulevardkomödie, immerhin im Burgtheater seine Premiere fand (19.03.1889) und 57 Mal dort aufgeführt sowie in den nächsten

Jahren von fünfzig weiteren Theatern in ganz Deutschland übernommen wurde. Andere Stücke aber fielen beim Publikum und bei der Kritik so eindeutig durch, dass Herzls Misserfolg als Bühnenautor nur noch ein Mal durch einen Achtungserfolg eines Singspieles im Theater an der Wien 1890 unterbrochen wurde.

Möglicherweise verstellte ja seine Rolle als zionistischer Schriftsteller und Politiker eine Bühnenkarriere. Aber auch aus der Retrospektive wird diesen Bühnenwerken kein überdauernder Rang zuerkannt. Wiederbelebungen sind bis heute ausgeblieben. Am Rang seiner journalistischen Werke hingegen kann es keine ernsthaften Zweifel geben. Er selbst sammelte sie erstmals in dem Band »Neues von der Venus. Plaudereien und Geschichten« (Leipzig 1887) und dann 1895 als Ernte seiner Tätigkeit als Korrespondent in Frankreich in dem Band »Das Palais Bourbon. Bilder aus dem französischen Parlamentsleben«, der die zuvor überwiegend in der *Neuen Freien Presse* erschienenen Korrespondentenberichte zusammenfasste und auch von den Zeitgenossen als ein großes Werk der Auslandsberichterstattung ebenso wie der Demokratiegeschichte begriffen wurde. Kurz vor seinem Tod erschien dann nochmals eine zweibändige Ausgabe mit Feuilletons (Wien/Leipzig 1903), aber damit war nur ein Bruchteil dessen noch zu seinen Lebzeiten und von ihm selbst editiert, was Herzl in seinem eigentlichen Hauptberuf als Redaktionsmitglied der angesehensten und wichtigsten Zeitung der Monarchie produzierte. Keiner der Bände wurde seitdem wieder aufgelegt und ebenso unbeachtet blieben editorisch etwa zweihundert journalistische Texte, die in dieser Zeitung und verschiedenen anderen Blättern zwischen 1887 und 1904 erschienen sind. Die letzten auffindbaren Texte stehen in den Ausgaben der *Neuen Freien Presse* vom April des Jahres 1904. So kann man etwa in der Ausgabe vom 03.04. über den »Frühling in Schönbrunn«, am 17.04. über »Französisches Schauspiel Wien« und am 24.04. Herzls mutmaßlich letztes Werk, »Die Streiknacht«, lesen.

Wenige Monate später, gerade 44 Jahre alt geworden, wird

Theodor Herzl am 3. Juli 1904 in einem Sanatorium in Edlach am Semmering sterben. Seit Jahren quälte ihn ein Herzleiden, das sich zusehends verschlechterte. Und so lesen sich denn auch die letzten Passagen von »Frühling in Schönbrunn« wie eine Todesahnung: »Es ist Abend geworden. Leer wird es auf dem weiten Parterre zwischen dem Schloss und dem Neptunsbrunnen. Leer von Greisen, Kindern und Liebenden. Von der Gloriette herab kommen noch ein paar Menschen. Jetzt ist der Weg hinauf einsam, und es wird ein Weg der Poesie. Weiche Abendfarben im Westen. Unbestimmtes Vogelgeschwätz in der Höhe, nah und fern. Siehe, der Mond steht blass und wie durchsichtig am noch hellen Himmel und im Höherschreiten besinnt man sich auf alle Werke, die man vollbringen wollte und nicht vollbracht hat. Sie fallen einem ein, weil es Frühling ist und Abend wird.«

Theodor Herzl – der Journalist, das sind bis heute ungehobene Schätze. Der vorliegende Band zeigt dies an zwei Beispielen, dem Thema Technik und der journalistischen Ernte, die Theodor Herzl von seinen zahlreichen Reisen immer wieder mitbrachte und die in der *Neuen Freien Presse* eine eingeschworene und verständige Leserschaft hatte. Wenn man heute, mehr als hundert Jahre später, liest, was hier zum aussterbenden Fiaker und umgekehrt dem Automobil oder dem lenkbaren Luftschiff und anderen vergleichbaren Themen geschrieben wurde, so wird man Theodor Herzl eine veritable Fähigkeit zum Prophetentum nicht absprechen können. Das verbindet selbstredend den Journalisten mit dem zionistischen Schriftsteller und Politiker, wenngleich diese beiden Rollen ja in seiner Zeitung streng auseinander gehalten werden mussten.

Gleichzeitig dokumentiert diese knappe Auswahl ganz und gar überzeugend, warum wir bei der Suche nach einem Namenspatron für die vom Institut für Publizistik- und Kommunikationswisenschaft seit Ende der neunziger Jahre geplante Wiener Journalistikdozentur am Ende Theodor Herzl gewählt haben, wobei – wohl ob der genannten editionspolitischen Missachtung von Journalismus – es immer wieder Befremden auslöst, wenn man von einer »Poetik des Journalismus« spricht. Dabei ist diese Dozentur Teil einer international schon jahrzehntealten kulturellen und universitären Tradition. So hielt Igor Strawinsky 1939/40 Gastvorlesungen an der Harvard University, die unter dem Titel »Poétique Musicale« berühmt und zum Vorbild für Zyklen akademischer Gastveranstaltungen wurden, die auf den Ursprung des Wortes »Poetik« zurückgehen.

»Poiein« bedeutet ja »schöpferisch tätig sein, herstellen, verfertigen« und Poetik eben das »Studium des zu machenden Werkes«.

Mit »Fragen zeitgenössischer Dichtung« eröffnete Ingeborg Bachmann 1959/60 die bis heute laufende Reihe der »Frankfurter Poetik-Vorlesungen«, die für mehrere Universitäten des deutschsprachigen Raumes stilbildend wurden. Die aus diesen Vorlesungen entstandenen Bücher dokumentieren über vierzig Jahre der Poetik der modernen deutschsprachigen Literatur. Die Hochschule für Musik und darstellende Kunst Mozarteum in Salzburg hat 1992 eine »Gastprofessur für Poetik« eingerichtet: Gastvorträge – Porträtkonzerte – Unterricht – Lesungen.

Mit der Theodor-Herzl-Dozentur wurde erstmals für eine Poetik des Journalismus der gleiche kulturelle und intellektuelle Rang postuliert, wie dies für Literatur, Musik und Kunst traditionellerweise selbstverständlich ist. Journalismus mag in seiner alltäglichen Massenhaftigkeit eine Dienstleistung sein, daneben und daraus hervorgehend aber ist er auch eine spezifische, traditionsreiche Kulturleistung, die gerade nicht terminologisch zur »Literatur« geadelt werden muss, um ihren ästhetischen und intellektuellen Rang angemessen zu benennen. Genuine schöpferische Leistungen haben auch im Journalismus zu zahlreichen identifizierbaren »Werken« und der Verbindlichkeit, der Kontinuität eines journalistischen Kanons geführt.

Dieser Kanon hat kulturgeschichtlich für den deutschsprachigen Journalismus sehr viel mit Wien zu tun. Theodor Herzl gehört in diesen historischen Kontext, der wohl erlaubt, von einer »Wiener Schule des modernen Journalismus« zu sprechen, parallel zu so vielen anderen Entwicklungen im Fin de Siècle Wiens. Kriege, politische Umbruchszeiten, Exil und der gesellschaftliche Wandel haben diesen Traditionen die Kontinuität genommen. Aber auch heute gibt es Journalismus, dessen kulturschöpferische Leistung nicht zuletzt in der Eroberung immer neuer Welten der Wirklichkeit und auch spezifischer Methoden der Realitätserkundung besteht. Neben dem Wort gehören die Fotografie und das dokumentarische Fernsehen heute zu den essenziellen journalistischen Ausdrucksmitteln.

Inzwischen ist diese Poetik-Dozentur etabliert, vielleicht auch deshalb, weil sie mit dem Namen von Theodor Herzl verbunden ist. Sein hundertster Todestag im Jahr 2004 wird gewiss Anlass und Ausgangspunkt vielfältiger Erinnerungen und Würdigungen werden. Und dann werden hoffentlich die Journalisten, die sich dieses Datums annehmen, auch dessen eingedenk werden und bleiben, dass sie über einen der Großen ihrer Zunft berichten. Einer seiner Texte aus dem »Palais Bourbon« trägt den Titel »Die Schule der Journalisten«. Tatsächlich ist das ganze journalistische Werk dieses Redaktionsmitgliedes der *Neuen Freien Presse* eine Schule der Journalisten und des Journalismus. Viele seiner Texte haben das Jahrhundert, das durch sein zionistischtes Werk so grundlegend verändert wurde, überdauert. Lernenswert beispielsweise eine Maxime wie diese: »Augen und Ohren weit offen und empfänglich für die tausend Wunder«; und immer nachdenkenswert eine Notiz wie diese: »Angefangene Träume, halbe Einfälle, unbenützte Stimmungen – daraus setzt sich ein Journalistenleben zusammen. War es nicht besser zu verwenden?« Und wie steht es um den Satz: »Nicht ungestraft ist man Journalist!«?

Eine der merkwürdigsten Folgen, die man angesichts der seit dem 18. Jahrhundert dauernden Geschichte des Journalismus und seiner intellektuellen, kulturellen und politischen Leistungen wohl tragisch nennen darf, ist, dass es zumindest im deutschsprachigen Raum dafür kein historisches Bewusstsein gibt, keinen Kanon des Journalismus, keine Kultur des Vorbildes und der geistigen Orientierung. In diese Kontexte gehört

Theodor Herzl, dessen Rang als Journalist und als einer der großen Protagonisten der Moderne im Journalismus dieses Buch Tribut zollen möchte.

Wolfgang R. Langenbucher